博雅国际汉语精品教材

短期汉语听说教程

上册（第二版）

Short-term Listening and Speaking Chinese Course I

(Second Edition)

梁湘如 盖珺 主编

北京大学出版社
PEKING UNIVERSITY PRESS

图书在版编目(CIP)数据

短期汉语听说教程. 上册 / 梁湘如, 盖珺主编. —2 版. —北京：北京大学出版社，2020.9
博雅国际汉语精品教材
ISBN 978-7-301-31583-5

Ⅰ. ①短… Ⅱ. ①梁… ②盖… Ⅲ. ①汉语—听说教学—对外汉语教学—教材 Ⅳ. ① H195.4

中国版本图书馆 CIP 数据核字 (2020) 第 166414 号

书　　名	短期汉语听说教程　上册（第二版） DUANQI HANYU TINGSHUO JIAOCHENG　SHANGCE (DI-ER BAN)
著作责任者	梁湘如　盖珺　主编
责任编辑	宋立文
标准书号	ISBN 978-7-301-31583-5
出版发行	北京大学出版社
地　　址	北京市海淀区成府路 205 号　100871
网　　址	http://www.pup.cn　　新浪微博：@ 北京大学出版社
电子信箱	zpup@pup.cn
电　　话	邮购部 010-62752015　发行部 010-62750672　编辑部 010-62753374
印 刷 者	北京宏伟双华印刷有限公司
经 销 者	新华书店 787 毫米 ×1092 毫米　16 开本　19.25 印张　335 千字 2020 年 9 月第 1 版　2020 年 9 月第 1 次印刷
定　　价	77.00 元

未经许可，不得以任何方式复制或抄袭本书之部分或全部内容。
版权所有，侵权必究
举报电话：010-62752024　电子信箱：fd@pup.pku.edu.cn
图书如有印装质量问题，请与出版部联系，电话：010-62756370

第二版前言

《短期汉语听说教程》上下册出版于2006年,十多年来多次印刷,受到使用者的好评。大家一致认为这套教材内容和形式都符合外国学生的实际需要,实用性较强。教程每一课具有三个不同的层次,分别配有听、说练习,可以使学习者在短期内迅速强化听、说汉语的能力,因此,本教材可供不同层次和需要的汉语学习者使用。

此次修订的一个重要方面,是词语的去旧加新。随着中国社会的发展,科技水平不断提高,人们的生活发生了很多变化,产生了许多新事物、新词汇。本着与时俱进的原则,我们对全书作了修改,主要是去掉一些过时的词语,如:电话磁卡、平信、挂号信、录音带等,加入一些现在流行或常用的词语,如:网购、高铁、微信、支付宝等,并针对性地对某些课文和练习作了比较大的改动。

由于我们水平有限,这次修订仍难免会有一些不足之处,敬请使用者提出宝贵意见,以便将来有机会进一步充实和提高。

编写说明

　　本教材是编写教师根据多年教学经验总结编写的一套短期汉语强化教材。教材的编写本着结构、功能、文化相结合的原则,以话题作为主要手段,功能意念作为辅助手段,选取留学生关心和感兴趣的话题作为内容,以刚来中国的外国人经常碰到的交际场合为背景。

　　本教材分上下两册,共由21个话题组成,上册10个,下册11个,一个话题即一课。每课分为三个部分,每部分适合一种层次的学生使用:零起点的学生、掌握了四百个左右词语的学生、掌握了八百个左右词语的学生。这样划分,是为照顾不同水平的学生根据各自不同的情况自由选择,零起点的学生可以在学完教材的第一部分后,继续第二和第三部分的学习,而高一层次的学生也可以返回前一部分复习。教师则可以根据学生的不同情况随时调整教学内容。每一部分的课文后边配有注释,注释后边根据口语表达的灵活性、多样性,附加一个"相似说法",即同一语意的不同表达形式,供学习者参考。

　　本书的练习分为口语练习和听力练习。练习题力求做到由浅入深,从易到难,反复强化,以达到在短时间内提高听说能力的目的。为使学习者在学习听说的同时了解一些交际文化知识,每课后边有一篇与话题相关的中国文化的文字材料,供较高水平的学生参考。

　　全套教材力求做到选材合理,语言生动有趣,实用性强。零起点部分的生词尽量使用甲级词。课文和练习的语言尽量使用地道的口语,注释部分的解释语言则尽量使用浅易的书面语。

　　编者分工如下:

余新晴:上册第一课,第二课;下册第十课

梁湘如:上册第三课,第六课,第八课

苏瑞卿:上册第四课,第五课;下册第二课

马宇菁：上册第七课；下册第一课
盖　珺：上册第九课；下册第八课
张如芳：上册第十课；下册第十一课
李　丛：下册第三课，第四课
宋　杨：下册第五课
胡　丹：下册第六课，第七课
傅海峰：下册第九课

  本教材编写过程中得到辽宁师范大学对外汉语学院领导的大力支持，周玉兰老师为教材的编写提供了许多宝贵资料。大连东软信息学院的戚洁老师在教材的策划和审稿中提出了很多宝贵的意见和建议。在此一并致以衷心的感谢。

编　者

目 录

CONTENTS

第一课　互相介绍　Lesson 1　Introduction …………………（ 1 ）
　课文（一）　Text 1 ………………………………………………（ 1 ）
　课文（二）　Text 2 ………………………………………………（ 6 ）
　课文（三）　Text 3 ………………………………………………（ 14 ）
　中国文化点滴 Chinese culture snack …………………………（ 21 ）

第二课　谈家庭　Lesson 2　Talking about family ………（ 22 ）
　课文（一）　Text 1 ………………………………………………（ 22 ）
　课文（二）　Text 2 ………………………………………………（ 29 ）
　课文（三）　Text 3 ………………………………………………（ 36 ）
　中国文化点滴 Chinese culture snack …………………………（ 44 ）

第三课　问路　Lesson 3　Asking the way …………………（ 45 ）
　课文（一）　Text 1 ………………………………………………（ 45 ）
　课文（二）　Text 2 ………………………………………………（ 53 ）
　课文（三）　Text 3 ………………………………………………（ 60 ）
　中国文化点滴 Chinese culture snack …………………………（ 69 ）

第四课　买东西(上)　Lesson 4　Shopping（Ⅰ） …………（ 70 ）
　课文（一）　Text 1 ………………………………………………（ 70 ）
　课文（二）　Text 2 ………………………………………………（ 77 ）
　课文（三）　Text 3 ………………………………………………（ 85 ）
　中国文化点滴 Chinese culture snack …………………………（ 95 ）

第五课　买东西(下)　Lesson 5　Shopping (Ⅱ) ……………………(96)
　　课文(一)　Text 1 ………………………………………………………(96)
　　课文(二)　Text 2 ………………………………………………………(103)
　　课文(三)　Text 3 ………………………………………………………(110)
　　中国文化点滴 Chinese culture snack ……………………………………(119)

第六课　时间　Lesson 6　Time ………………………………………(120)
　　课文(一)　Text 1 ………………………………………………………(120)
　　课文(二)　Text 2 ………………………………………………………(129)
　　课文(三)　Text 3 ………………………………………………………(138)
　　中国文化点滴 Chinese culture snack ……………………………………(147)

第七课　做客　Lesson 7　Being a guest …………………………………(148)
　　课文(一)　Text 1 ………………………………………………………(148)
　　课文(二)　Text 2 ………………………………………………………(154)
　　课文(三)　Text 3 ………………………………………………………(160)
　　中国文化点滴 Chinese culture snack ……………………………………(168)

第八课　谈天气　Lesson 8　Talking about the weather ………………(169)
　　课文(一)　Text 1 ………………………………………………………(169)
　　课文(二)　Text 2 ………………………………………………………(178)
　　课文(三)　Text 3 ………………………………………………………(187)
　　中国文化点滴 Chinese culture snack ……………………………………(197)

第九课　在饭店　Lesson 9　In the restaurant …………………………(198)
　　课文(一)　Text 1 ………………………………………………………(198)
　　课文(二)　Text 2 ………………………………………………………(205)
　　课文(三)　Text 3 ………………………………………………………(213)
　　中国文化点滴 Chinese culture snack ……………………………………(224)

目 录
CONTENTS

第十课　包饺子　Lesson 10　Making dumplings ……………(225)

　课文(一)　Text 1 ………………………………………………(225)

　课文(二)　Text 2 ………………………………………………(231)

　课文(三)　Text 3 ………………………………………………(239)

　中国文化点滴 Chinese culture snack …………………………(250)

听力录音文本 Recording script …………………………………(251)

生词总表 Vocabulary ……………………………………………(292)

第一课　互相介绍

Lesson 1　Introduction

课文（一）
Text 1

李美英：　你好！
Lǐ Měiyīng：Nǐ hǎo!

安　妮：　你好！
Ānnī：　　Nǐ hǎo!

李美英：　你叫什么名字？
Lǐ Měiyīng：Nǐ jiào shénme míngzi?

安　妮：　我叫安妮。
Ānnī：　　Wǒ jiào Ānnī.

李美英： 我叫 李美英，是 韩国人。 你 是 哪 国 人？
Lǐ Měiyīng： Wǒ jiào Lǐ Měiyīng, shì Hánguórén. Nǐ shì nǎ guó rén?

安 妮： 我 是 英国人。
Ānnī： Wǒ shì Yīngguórén.

李美英： 他叫 田中，是 日本人。
Lǐ Měiyīng： Tā jiào Tiánzhōng, shì Rìběnrén.

安 妮： 认识 你们 很 高兴。
Ānnī： Rènshi nǐmen hěn gāoxìng.

田 中： 我 也 很 高兴。
Tiánzhōng： Wǒ yě hěn gāoxìng.

生词 New words

1. 李美英	Lǐ Měiyīng	*name of a person*
2. 你	nǐ	you
3. 好	hǎo	good
4. 安妮	Ānnī	*name of a person*
5. 叫	jiào	to call
6. 什么	shénme	what
7. 名字	míngzi	name
8. 我	wǒ	I
9. 是	shì	to be
10. 韩国	Hánguó	Korea
11. 哪	nǎ	where; which
12. 国	guó	country
13. 人	rén	person

第一课 互相介绍
Lesson 1 Introduction

14. 英国	Yīngguó	UK (United Kingdom)
15. 他	tā	he
16. 田中	Tiánzhōng	name of a person
17. 日本	Rìběn	Japan
18. 认识	rènshi	to know
19. 你们	nǐmen	you
20. 很	hěn	very
21. 高兴	gāoxìng	happy
22. 也	yě	also

注释 Notes

一、语言要点　(Grammar point)

"叫"

名字是……,名称是……。如：

"叫" means "name is …". For example：

(1) 你叫什么名字？

(2) 他叫什么名字？

(3) 我叫王兰。(Wǒ jiào Wáng Lán.)

(4) 这叫"书包"。(Zhè jiào "shūbāo". This is a schoolbag.)

二、相似说法　(The similar expressions)

你叫什么名字？

(1) 你叫什么？

(2) 你的名字是……

(3) 你是……

口语练习 Speaking exercises

一、用正确的语调朗读下面的句子
(Read the following sentences in correct intonation loudly)

1. 你好!
2. 你叫什么名字?
3. 他是哪国人?
4. 我是英国人。
5. 认识你们很高兴。

二、替换练习 (Substitution drills)

我<u>是</u>英国<u>人</u>。

他	日本
我们	韩国
他们	美国

三、回答问题 (Answer the following questions)

1. 你叫什么名字?
2. 你是哪国人?
3. 你来中国做什么?

四、用所给的词语完成对话
(Complete the following dialogues with the given words)

1. 男:你_____?（叫）
   女:我叫安妮。

第一课　　互相介绍
Lesson 1　　Introduction

2. 男：_____?（哪国）
   女：我是英国人。

3. 男：我是韩国人，_____?（他）
   女：他是日本人。

五、请互相介绍一下姓名和国籍　（Introduce yourself）

听力练习 Listening exercises

一、听录音,快速回答问题

（Listen and answer the following questions quickly）

1. 他姓什么？
2. 她叫什么名字？
3. 他叫什么名字？
4. 他是哪国人？

二、听录音,找出你听到的词语

（Listen and underline the words you heard）

1. A. 美国　　　B. 英国　　　C. 日本　　　D. 法国
2. A. 李英　　　B. 李美　　　C. 李美英　　D. 李丽
3. A. 你　　　　B. 他　　　　C. 你们　　　D. 他们

三、听录音,回答问题　（Listen and answer the following questions）

1. 说话人叫什么？是哪国人？
2. 朴智顺是哪国人？
3. 他们认识吗？

5

四、听录音,判断正误

(**True or false based on the following statements you listened**)

1. 我叫安妮。(   )
2. 我是英国人。(   )
3. 他叫中村。(   )
4. 他是韩国人。(   )

五、听录音,选择正确答案　(**Listen and choose the right answers**)

1. 安妮是哪国人?

　A. 韩国　　　B. 日本　　　C. 英国　　　D. 中国

2. 李美英是哪国人?

　A. 中国　　　B. 英国　　　C. 韩国　　　D. 日本

课文(二) Text 2

王文：请问,你贵姓?

田中：我姓田中。你呢?

王文：我姓王,叫王文,是中文系三年级的学生。

田中：我是汉语短期班的留学生。

王文：你是第一次来中国吗?

第一课　　互相介绍
Lesson 1　　Introduction

田中：是的。我想提高一下口语水平。
王文：你的口语很不错。
田中：哪里，我的发音不太好，声调也不太准。
王文：我住在学生宿舍8号楼402房间，有空儿来找我聊天儿吧。
田中：好的，有空儿我一定去。再见！
王文：再见！

生词 New words

1. 王文　　　　Wáng Wén　　　　name of a person
2. 贵姓　　　　guìxìng　　　　What's your family name?（pol.）
3. 系　　　　　xì　　　　　　　department, faculty
4. 短期班　　　duǎnqībān　　　short-term class
5. 提高　　　　tígāo　　　　　to improve
6. 水平　　　　shuǐpíng　　　　level
7. 不错　　　　búcuò　　　　　not bad
8. 发音　　　　fāyīn　　　　　pronunciation
9. 声调　　　　shēngdiào　　　tone
10. 准　　　　　zhǔn　　　　　standard
11. 宿舍　　　　sùshè　　　　　dormitory

注释 Notes

一、语言要点 （Grammar points）

1. **"请问"**

   询问时的礼貌用语，一般用在句首。如：

   (1)请问，你叫什么名字？

   (2)请问，你是留学生吗？

   (3)请问，你是第一次来中国吗？

   (4)请问，你是哪国人？

2. **"贵姓"**

   初次见面时，询问对方姓名的礼貌用语。回答时可以说"我姓……"。

3. **"你呢？"**

   省略问句，具体意思和前面的话有关。如：

   (1)我姓王，你呢？（意思是：你姓什么？）

   (2)我是日本人，你呢？（意思是：你是哪国人？）

   (3)他去北京旅游，你呢？（意思是：你去哪儿？）

   (4)我考试得了80分，你呢？（意思是：你得了多少分？）

   (5)我住在2号楼，你呢？（意思是：你住在几号楼？）

4. **"不错"**

   比较好，好的意思。如：

   (1)今天的天气不错。

   (2)你做的菜真不错。

   (3)小王的口语不错。

   (4)不错，你说得挺好的。

第一课　　互相介绍
Lesson 1　　Introduction

5. "哪里"

当别人表扬自己时,表示谦虚的一种说法,用在句首,也可以说"哪里,哪里"。如：

(1) 甲：你的汉语说得真好！

乙：哪里,还差得远呢。

(2) 甲：你的篮球打得不错！

乙：哪里,哪里。

(3) 甲：你的汉字写得很好。

乙：哪里,我写得不太好。

(4) 甲：你的汉语口语水平挺高的。

乙：哪里,哪里,我才学了三个月。

6. "有空儿"

"空儿"指时间。"有空儿"意思是有时间,"没空儿"意思是没时间。一般指工作、学习以外的时间。如：

(1) 有空儿请到我家来玩儿。

(2) 最近我很忙,没空儿去商店。

(3) 今天你有空儿吗？我们一起打篮球吧！

(4) 星期天他要上班,没空儿去公园。

二、相似说法　(The similar expressions)

1. 请问,……

(1) 请问一下,……

(2) 请问一声,……

(3) 我想问一问,……

(4) 我想问问,……

2. 你贵姓?
   (1) 你姓什么?
   (2) 你叫什么名字?
   (3) 怎么称呼你呢?

3. 我姓王。
   (1) 我姓王,叫王文。
   (2) 我叫王文。
   (3) 我是王文。

4. 有空儿来找我聊天儿吧!
   (1) 有时间来找我聊天儿吧!
   (2) 没事儿来找我聊天儿吧!

口语练习 Speaking exercises

一、用正确的语调朗读下面的句子
(**Read the following sentences in correct intonation loudly**)

1. 请问,你贵姓?
2. 我姓王,叫王文。
3. 我是汉语短期班的留学生。
4. 你是第一次来中国吗?
5. 你的口语很不错。
6. 有空儿我一定去。

第一课　　互相介绍
Lesson 1　　Introduction

二、替换练习 (Substitution drills)

1. 他学习汉语。

| 英语 |
| 日语 |
| 口语 |
| 外语 |

2. 我是短期班的留学生。

小王		学生
他		班长
她		老师

3. 我的发音不太好。

他	口语	很好
你	声调	真准
安妮	汉语	非常好
田中	英语	特别好

三、回答问题 (Answer the following questions)

1. 你贵姓？叫什么名字？是哪国人？
2. 你是第一次来中国吗？
3. 你的汉语说得怎么样？

四、用所给的词语完成对话
(Complete the following dialogues with the given words)

1. 男：请问，你贵姓？

   女：我＿＿＿＿＿＿＿＿＿＿＿＿＿＿＿。你呢？（姓，叫）

   男：＿＿＿＿＿＿＿＿＿＿＿＿＿＿＿。（叫）

   女：很高兴认识你。

2. 男：请问，＿＿＿＿＿＿＿＿＿＿＿＿＿＿？（从）

   女：我从韩国来。

   男：你的汉语＿＿＿＿＿＿＿＿＿＿＿＿＿。（不错）

   女：＿＿＿＿＿＿＿＿＿＿＿＿＿＿＿。（哪里）

3. 男：我_____中村，是_____的学生。（姓，短期班）
   女：你是_____吗？（第一次）
   男：不，_____？（你呢？）
   女：我是第一次来中国。

五、讨论 （Discussion）
   1. 你们国家姓名的顺序和中国一样吗？
   2. 你的汉语发音和声调怎么样？

听力练习 Listening exercises

一、听录音，快速回答问题
   (Listen and answer the following questions quickly)
   1. 他从哪儿来？
   2. 她叫什么名字？
   3. 他住在哪儿？

二、听录音，找出你听到的词语 （Listen and underline the words you heard）
   1. A. 三年   B. 两年   C. 一年   D. 半年
   2. A. 王   B. 方   C. 黄   D. 汪
   3. A. 外语水平 B. 口语水平 C. 汉字水平   D. 听力水平

三、听录音，回答问题 （Listen and answer the following questions）
   1. 谁的汉语说得很好？
   2. 谁说得不好？
   3. 他为什么说得不太好？

第一课　　互相介绍
Lesson 1　　Introduction

四、听录音，判断正误
(True or false based on the following statements you listened)

1. 她叫安妮。（　　）
2. 她是短期班的学生。（　　）
3. 她是韩国人。（　　）
4. 她想提高汉字水平。（　　）

五、听录音，选择正确答案　**(Listen and choose the right answers)**

1. 大卫是哪个班的学生？
   A. 短期班　　B. 中文系　　C. 外语系　　D. 长期班

2. 李丽是哪个系的学生？
   A. 外语系　　B. 短期班　　C. 中文系　　D. 体育系

3. 星期六晚上他们要做什么？
   A. 学习　　B. 吃饭　　C. 打球　　D. 聊天儿

六、听录音，复述内容　**(Listen and retell)**

课文（三）
Text 3

大卫：请问，你是留学生吗？

智子：是的。我是短期班的。

大卫：怎么称呼你呢？

智子：我叫山口智子。你叫什么？是哪国人？

大卫：我叫大卫，是美国人。我来介绍一下，这位是……

山姆：还是我来自我介绍吧！我叫山姆，是大卫的好朋友，也是美国人。

智子：认识你们很高兴。

大卫：我也很高兴。我觉得你的汉语说得挺流利的。

第一课　　互相介绍
Lesson 1　　Introduction

智子：谢谢。我这是第二次来中国了，因为以后我想做日中经济贸易工作。
山姆：我和大卫是第一次来中国，心里既高兴又担心。
智子：没什么好担心的，慢慢就习惯了。
大卫：山姆，该上课了，我们得走了。（向智子）再见！
智子：再见！

生词 New words

1. 称呼　　　　chēnghu　　　　　　to call
2. 山口智子　　Shānkǒu Zhìzǐ　　　name of a person
3. 大卫　　　　Dàwèi　　　　　　　name of a person
4. 自我　　　　zìwǒ　　　　　　　oneself
5. 山姆　　　　Shānmǔ　　　　　　name of a person
6. 流利　　　　liúlì　　　　　　　fluent
7. 既……又……　jì……yòu……　　　as well as

注释 Notes

一、语言要点　（Grammar points）
　　1."自我介绍"
　　　向别人说明自己的姓名、年龄、工作、爱好等。如：
　　　（1）我来自我介绍一下。

(2)请你自我介绍一下吧。

(3)他自我介绍说,他叫田中,是日本人。

(4)同学们互相作了自我介绍。

2. "挺流利的"

说话很快、很清楚。"挺A的"意思是"很A,非常A,特别A"。如:

(1)天气挺好的。

(2)他的口语挺不错的。

(3)妈妈挺生气的。

(4)他的汉语水平挺高的。

(5)你的足球踢得挺棒的。

(6)这件衣服挺漂亮的。

3. "既……又……"

同时具有两种品质或身份等,也可以说"又……又……"。如:

(1)他既聪明又努力。

(2)他的汉语说得既快又好。

(3)她既是我的老师,又是我的朋友。

(4)他长得又高又大。

4. "得"(děi)

意思是"要""应该""必须"。如:

(1)时间不早了,我得走了。

(2)现在,我得写作业了。

(3)我没有字典,明天得去买一本。

(4)我得去上课了。

第一课　　互相介绍
Lesson 1　　Introduction

二、相似说法　（The similar expressions）

1. 认识你们很高兴。

（1）很高兴认识你们。

（2）很高兴和你们认识。

（3）非常高兴和你们认识。

2. 你的汉语说得挺流利的。

（1）你的汉语说得真流利！

（2）你的汉语说得非常流利。

（3）你的汉语说得很流利。

3. 再见。

（1）再会。

（2）明天见。

（3）回头见。

（4）下次见。

（5）以后见。

口语练习 Speaking exercises

一、用正确的语调朗读下面的句子

（Read the following sentences in correct intonation loudly）

1. 怎么称呼你呢？
2. 我来介绍一下。
3. 还是我来自我介绍吧！
4. 认识你们很高兴。

5. 我是第一次来中国,心里既高兴又担心。

6. 该上课了,我们得走了。

二、替换练习 (Substitution drills)

1. 你的汉语说得挺流利的。

日语	学写	不错
汉字	写	漂亮
英语	考	好
口语	练	棒

2. 我是第二次来中国。

他	头一次	英国
我	第三次	日本
他们	第一次	北京

3. 我得 走了。

该	回去
要	睡觉
必须	写作业
应该	回学校

三、回答问题 (Answer the following questions)

1. 你是哪国人?怎么称呼你?

2. 你有朋友吗?他是哪国人?

3. 请你自我介绍一下。

4. 你打算学习多长时间汉语?

四、用所给的词语完成对话

(Complete the following dialogues with the given words)

1. 女:怎么_____?(称呼)

男:我叫李天,是中文系的学生。你呢?

女:我是_____。(短期班)

男:_____。(认识)

女:我也很高兴。

第一课　　互相介绍
Lesson 1　　Introduction

2. 男：_____,这位是我的朋友。（介绍）
   女：很高兴认识你。

3. 男1：我来给你们介绍一下吧！
   女：还是_____。（自我介绍,叫）
   男2：_____。（认识,高兴）

五、讨论　（Discussion）
　1.你们国家姓和名有具体意义吗？
　2.你们国家人们第一次见面怎样互相介绍？
　3.你的汉语说得怎么样？

听力练习 Listening exercises

一、听录音,快速回答问题
　（Listen and answer the following questions quickly）
　1.什么班？
　2.谁很高兴？
　3.学了几个月？

二、听录音,找出你听到的词语　（Listen and underline the words you heard）
　1. A.是我　　　B.自己　　　C.自我　　　D.只我
　2. A.这个　　　B.这位　　　C.这是　　　D.这次
　3. A.不早了　　B.不少了　　C.不好了　　D.不找了
　4. A.很　　　　B.真　　　　C.太　　　　D.挺

19

三、听录音,回答问题 (Listen and answer the following questions)

1. 杰夫是哪国人?学了几个月汉语?
2. 山口是第几次来中国?
3. 山口在日本学了几年汉语?她为什么来短期班?

四、听录音,判断正误

(True or false based on the following statements you listened)

1. 小川在日本学了三年汉语。(　　)
2. 他想提高听力和口语水平。(　　)
3. 小川是第二次来中国。(　　)
4. 他的心里既高兴又担心。(　　)

五、听录音,选择正确答案 (Listen and choose the right answers)

1. 安妮在英国学了多长时间汉语?
   A. 一年　　　B. 六个月　　　C. 两个月　　　D. 半个月

2. 山本学习汉语学了几年?
   A. 一年半　　　B. 三年　　　C. 半年　　　D. 两年

3. 山本的口语怎么样?
   A. 挺流利的　　　B. 挺努力的　　　C. 挺快的　　　D. 挺难的

4. 安妮的口语和听力怎么样?
   A. 很好　　　B. 很不好　　　C. 不太好　　　D. 挺好

六、听录音,复述内容 (Listen and retell)

第一课　　互相介绍
Lesson 1　　Introduction

补充生词
(Supplementary new words)

1. 美国　　　Měiguó　　　U.S.A
2. 法国　　　Fǎguó　　　France
3. 留学生　　liúxuéshēng　overseas student
4. 漂亮　　　piàoliang　　beautiful
5. 棒　　　　bàng　　　　great

中国文化点滴
(Chinese culture snack)

1.按照传统的中国习惯,在询问对方的姓名、年龄、住址时,常在前面加一个"贵"字表示尊重或敬意。如:

(1)贵姓?

(2)贵庚?(多大年纪)

(3)贵府在什么地方?(您家在哪儿)

(4)贵国的经济发展真快。

现在虽然还有这种说法,但不少人,尤其是年轻人已经改变了说法,他们常说:"你多大了?""你家在什么地方?""你叫什么?"

2.中国人姓名的顺序是姓在前,名在后。名字有单字,有双字。由于中国人口多,姓名常有重复,所以近年来出现了四个字的姓名,一般是父母的姓再加两个字的名字。

3.中国女性结婚后一般仍然姓自己的姓,不姓丈夫的姓。

第二课 谈家庭

Lesson 2 Talking about family

课文(一)
Text 1

玛丽： 安妮，你在做什么？
Mǎlì： Ānnī, Nǐ zài zuò shénme?

安妮： 我在给家里发微信。
Ānnī： Wǒ zài gěi jiā li fā wēixìn.

玛丽： 你家有几口人？
Mǎlì： Nǐ jiā yǒu jǐ kǒu rén?

安妮： 我家有四口人：爸爸、妈妈、弟弟和我。
Ānnī： Wǒ jiā yǒu sì kǒu rén: bàba、māma、dìdi hé wǒ.

玛丽： 你爸爸妈妈做什么工作？
Mǎlì： Nǐ bàba māma zuò shénme gōngzuò?

第二课　　谈家庭
Lesson 2　Talking about family

安妮：我 爸爸 是 医生，我 妈妈 是 老师。你们 家呢？
Ānnī：Wǒ bàba shì yīshēng, Wǒ māma shì lǎoshī. Nǐmen jiā ne?

玛丽：我们 家一共 有 八 口 人。有 爸爸、妈妈、爷爷、奶奶、
Mǎlì：Wǒmen jiā yígòng yǒu bā kǒu rén. Yǒu bàba、māma、yéye、nǎinai、

两 个 哥哥、一 个 姐姐，还 有 我。
liǎng ge gēge、 yí ge jiějie, hái yǒu wǒ.

安妮：你们 真 是个 大 家庭。
Ānnī：Nǐmen zhēn shì ge dà jiātíng.

生词 New words

1. 在	zài	*to indicate an action in progress*
2. 做	zuò	*to do*
3. 给	gěi	*for*
4. 家	jiā	*home*
5. 里	lǐ	*in*
6. 发	fā	*to send*
7. 微信	wēixìn	*WeChat*
8. 有	yǒu	*to have*
9. 几	jǐ	*how many*
10. 口	kǒu	*a measure word*
11. 四	sì	*four*
12. 爸爸	bàba	*father*
13. 妈妈	māma	*mother*
14. 弟弟	dìdi	*younger brother*
15. 工作	gōngzuò	*work; job*

23

16. 医生	yīshēng	doctor
17. 老师	lǎoshī	teacher
18. 一共	yígòng	total
19. 八	bā	eight
20. 爷爷	yéye	grandfather
21. 奶奶	nǎinai	grandmother
22. 两	liǎng	two
23. 哥哥	gēge	elder brother
24. 姐姐	jiějie	elder sister
25. 大	dà	big
26. 家庭	jiātíng	family

注释 Notes

一、语言要点 (Grammar points)

1. "一共"

    表示合在一起计算数字。如：

    "一共" means "in all" "all told". For example:

    (1) 两个班一共 24 个人。(Liǎng ge bān yígòng èrshísì ge rén. There are 24 students in all in two classes.)

    (2) 3 斤苹果 1 斤梨，一共 4 斤。(Sān jīn píngguǒ yì jīn lí, yígòng sì jīn. Three *jin* apples, one *jin* pears, there are 4 *jin* in all.)

    (3) 我一共花了 385 元。(Wǒ yígòng huāle sānbǎi bāshíwǔ yuán. I spend 385 *yuan* all told.)

第二课　　谈家庭
Lesson 2　Talking about family

2. "四口人""八口人"

汉字数字表达法：

The expression of cardinal numbers：

一（yī）one　　　　　　二（èr）two

三（sān）three　　　　　四（sì）four

五（wǔ）five　　　　　　六（liù）six

七（qī）seven　　　　　　八（bā）eight

九（jiǔ）nine　　　　　　十（shí）ten

十一（shíyī）eleven　　　十二（shí'èr）twelve

二十（èrshí）twenty　　　二十一（èrshíyī）twenty-one

3. "大家庭"

特指人口多的家庭。如：

It is used in particular family, in which there are many persons. For example：

(1) 他家是个大家庭，一共 11 口人。(Tā jiā shì ge dà jiātíng, yígòng shíyī kǒu rén.　This is a big family. There are 11 persons in his family.)

(2) 我家有三口人，不是大家庭。(Wǒ jiā yǒu sān kǒu rén, bú shì dà jiātíng.　There are 3 persons in my family. This isn't a big family.)

二、相似说法　(The similar expressions)

1. 你家有几口人？

   (1) 你家里有什么人？

   (2) 你家都有哪些人？

   (3) 你家一共有多少人？

2. 你爸爸妈妈做什么工作？

   你爸爸妈妈是做什么的？

3. 我们家一共有八口人。
   (1) 我们家共有八口人。
   (2) 我家总共有八口人。

口语练习 Speaking exercises

一、用正确的语调朗读下面的句子
（Read the following sentences in correct intonation loudly）

1. 你在做什么？
2. 你家有几口人？
3. 你妈妈做什么工作？
4. 我爸爸是医生，妈妈是老师。
5. 我们是个大家庭。

二、替换练习 （Substitution drills）

1. 你在做什么？　2. 你家一共有几口人？　3. 我在给家里发微信。

干	宿舍	几个	爸爸
发	学校	几百	妈妈
想	短期班	多少	朋友
吃	中国	几亿	老师
			他

三、回答问题 （Answer the following questions）

1. 你家有几口人？
2. 你爸爸做什么工作？你妈妈呢？
3. 你喜欢什么样的工作？

第二课　　谈家庭
Lesson 2　Talking about family

四、用所给的词语完成对话

(Complete the following dialogues with the given words)

1. 男：_____？（做什么）

   女：我在_____。（发）

   男：你家_____？（几口）

   女：_____。（爸爸,妈妈,一共）

2. 男：请问,你家里有什么人？

   女：_____。（有,一共）

   男：我家人很少,有_____。（爸爸,妈妈）

   女：_____。（大家庭）

3. 男：我爸爸_____,你爸爸呢？（医生）

   女：我爸爸是_____。（老师）

4. 男：你妈妈_____？（做）

   女：她是老师。

五、复述所学的课文　**(Retell the text)**

六、讨论　**(Discussion)**

　　谈谈你的家庭。

听力练习 Listening exercises

一、听录音,快速回答问题
(Listen and answer the following questions quickly)

1. 安妮在做什么?
2. 她家几口人?
3. 小王家都有谁?
4. 她在给谁发微信?

二、听录音,找出你听到的词语 (Listen and underline the words you heard)

1. A. 三口　　B. 五口　　C. 六口　　D. 八口
2. A. 爷爷　　B. 爸爸　　C. 叔叔　　D. 姐姐
3. A. 妈妈　　B. 哥哥　　C. 弟弟　　D. 妹妹

三、听录音,回答问题 (Listen and answer the following questions)

1. 玛丽家有几口人?
2. 她的爸爸妈妈做什么工作?
3. 玛丽的弟弟做什么?
4. 玛丽在哪儿?

四、听录音,判断正误
(True or false based on the following statements you listened)

1. 爸爸是医生。(　　)
2. 他工作不太努力。(　　)
3. 大家都喜欢他。(　　)

第二课　　谈家庭
Lesson 2　Talking about family

五、听录音,选择正确答案 (Listen and choose the right answers)

1. 读书的是谁?
   A. 爸爸　　　B. 妈妈　　　C. 哥哥　　　D. 弟弟

2. 发微信的是谁?
   A. 哥哥　　　B. 妈妈　　　C. 弟弟　　　D. 爸爸

3. 弟弟给谁发微信?
   A. 爸爸　　　B. 妈妈　　　C. 哥哥　　　D. 爷爷

六、听录音,复述内容 (Listen and retell)

课文(二)
Text 2

安妮：你瞧,这是我们家的全家福。

彼得：我看看。这一定是你爸爸,你长得很像他。

安妮：我爸爸是医生,外科医生。

彼得：你妈妈笑得多开心！她肯定很和善。

安妮：那当然。我妈是小学教师,学生们都很喜欢她。

你瞧,这是我们家的全家福。

我看看。这一定是你爸爸,你长得很像他。

彼得：这个小伙子真帅！是你哥哥吗？

安妮：不，是我弟弟。站在这边的是我，坐在我妈妈腿上的是我"小弟弟"。

彼得：啊？这是一只小狗，怎么是你"小弟弟"呢？

安妮：它叫贝特，是我们家的一员，我们全家都非常喜欢它。

彼得：原来是这样，我明白了。

生词 New words

1. 瞧　　　　qiáo　　　　　to look
2. 全家福　　quánjiāfú　　 a photograph of the whole family
3. 外科　　　wàikē　　　　surgery
4. 笑　　　　xiào　　　　　to smile
5. 开心　　　kāixīn　　　　happy
6. 肯定　　　kěndìng　　　be sure
7. 和善　　　héshàn　　　 kind and gentle; genial
8. 小伙子　　xiǎohuǒzi　　 lad; young fellow
9. 真　　　　zhēn　　　　　very
10. 帅　　　　shuài　　　　handsome
11. 站　　　　zhàn　　　　　to stand
12. 腿　　　　tuǐ　　　　　　leg
13. 狗　　　　gǒu　　　　　 dog
14. 一员　　　yìyuán　　　　a member
15. 明白　　　míngbai　　　 to know

第二课　　谈家庭
Lesson 2　　Talking about family

注释 Notes

一、语言要点　(Grammar points)

1. "肯定"

   表示一定,没有疑问的意思。如:

   (1)她肯定是日本人。

   (2)今天肯定是星期六。

   (3)你别去了,她肯定不在家。

2. "那当然"

   是的,是这样。常用来肯定别人的问话。如:

   (1)甲:听说你喜欢小狗?

   　　乙:那当然!

   (2)甲:今天是你的生日吗?

   　　乙:那当然。

   (3)甲:你很爱打网球吗?

   　　乙:那当然。

3. "帅"

   指长得很漂亮,有精神,多指男性。如:

   (1)那个医生真帅!

   (2)你哥哥帅极了!

   (3)他是一个非常帅的小伙子。

4. "原来是这样"

   发现或明白事情的真相(真实原因)时常说的话。如:

   (1)甲:她这几天一直不高兴,为什么?

   　　乙:她的爷爷病了,病得很重。

甲：原来是这样！
(2)原来是这样,这句话的意思我明白了。

二、相似说法 (The similar expressions)

1. 这是我们家的全家福。
   (1)这是我全家的照片儿。
   (2)这是一张全家福。

2. 她肯定很和善。
   (1)她一定很和善。
   (2)她一定非常和善。

3. 这个小伙子真帅！
   (1)这小伙子挺帅的！
   (2)这个小伙子长得很帅。
   (3)这小伙子帅极了！

口语练习 Speaking exercises

一、用正确的语调朗读下面的句子

(Read the following sentences in correct intonation loudly)

1. 这是我家的全家福。
2. 你妈妈肯定很和善。
3. 那当然。
4. 它怎么是你"小弟弟"呢？
5. 我们全家都非常喜欢它。
4. 原来是这样！

第二课　　谈家庭
Lesson 2　Talking about family

二、替换练习 (Substitution drills)

1. 多开心(啊)！

   | 好 |
   | 冷 |
   | 高兴 |
   | 漂亮 |

2. 这个小伙子真帅！

   | 很 |
   | 挺 |
   | 非常 |
   | 特别 |

三、回答问题 (Answer the following questions)

1. 爸爸的爸爸和妈妈叫什么？
2. 妈妈的爸爸和妈妈怎么称呼？
3. 你的爸爸妈妈做什么工作？

四、用所给的词语完成对话
(Complete the following dialogues with the given words)

1. 男：你看，_____。（全家福）
   女：_____！（多开心）
   男：我哥哥是教师。
   女：_____。（帅）

2. 男：这是小狗，_____？（怎么是）
   女：它是 _____。（一员）
   男：你们全家都喜欢它吧？
   女：_____。（那当然）

3. 男：这是我们全家的照片儿。
   女：_____。（像，爸爸）
   男：我爸爸是_____。（外科）
   女：_____。（挺……的）

33

五、讨论　（**Discussion**）

　　1. 互相传看你们全家的照片。

　　2. 谈谈你家每个成员的特点。

　　3. 你喜欢小狗吗？为什么？

听力练习 Listening exercises

一、听录音，快速回答问题

　　（Listen and answer the following questions quickly）

　　1. 这是什么？

　　2. 爸爸做什么工作？

　　3. 玛丽的哥哥长得怎么样？

二、听录音，找出你听到的词语　（Listen and underline the words you heard）

　　1. A. 漂亮　　　B. 和善　　　C. 明亮　　　D. 可爱

　　2. A. 爷爷和爸爸　　　　B. 哥哥和弟弟
　　　 C. 爸爸和弟弟　　　　D. 爸爸和妈妈

　　3. A. 那边　　　B. 这边　　　C. 旁边　　　D. 一边

　　4. A. 可是　　　B. 热爱　　　C. 可爱　　　D. 喜爱

三、听录音，回答问题　（Listen and answer the following questions）

　　1. 照片上坐着的是谁？

　　2. 站在中间的是谁？

　　3. 妹妹在哪儿？

　　4. 说话人在哪儿？

第二课　　谈家庭
Lesson 2　Talking about family

四、听录音,判断正误

(True or false based on the following statements you listened)

1. 我家是个小家庭。(　　)
2. 我家一共八口人。(　　)
3. 我有一个弟弟。(　　)
4. 我爸爸是工程师。(　　)
5. 我妈妈在医院工作。(　　)
6. 我的大弟弟很可爱。(　　)

五、听录音,选择正确答案　**(Listen and choose the right answers)**

1. 小王要去哪儿?
   A. 广场　　　B. 商场　　　C. 工厂　　　D. 操场

2. 谁明天结婚?
   A. 姐姐　　　B. 妹妹　　　C. 姑姑　　　D. 姨姨

3. 除了自己的礼物,小王还要替谁买?
   A. 哥哥　　　B. 妹妹　　　C. 弟弟　　　D. 姐姐

六、听录音,复述内容　**(Listen and retell)**

课文（三）
Text 3

玛丽：王文，向你请教一下：爸爸的爸爸妈妈叫"爷爷""奶奶"，妈妈的爸爸妈妈叫什么呢？

王文：叫"姥爷""姥姥"，也叫"外公""外婆"。

玛丽：爸爸的兄弟姐妹怎么称呼呢？

王文：爸爸的哥哥叫"伯伯"，爸爸的弟弟叫"叔叔"，爸爸的姐妹叫"姑姑"。

玛丽：妈妈的也一样吗？

王文：不一样。妈妈的哥哥弟弟叫"舅舅"，姐妹叫"阿姨"。

玛丽：哎呀！真难记！

王文：还有呢！丈夫的父母叫"公公""婆婆"，妻子的父母叫"岳父""岳母"。

玛丽：我的哥哥和姐姐都结婚了，怎么称呼他们的爱人呢？

王文：哥哥的爱人是你"嫂子"，姐姐的爱人是你"姐夫"。

玛丽：我觉得"姐夫"很好记——"姐姐的丈夫"，对吗？

王文：你真聪明！

第二课　谈家庭
Lesson 2　Talking about family

生词 New words

1. 向	xiàng	to
2. 请教	qǐngjiào	ask for advice
3. 姥爷（外公）	lǎoye(wàigōng)	grandpa
4. 姥姥（外婆）	lǎolao(wàipó)	grandma
5. 伯伯	bóbo	(father's elder brother) uncle
6. 姑姑	gūgu	(father's sister) aunt
7. 舅舅	jiùjiu	(mother's brother) uncle
8. 阿姨	āyí	aunt
9. 妻子	qīzi	wife
10. 岳父	yuèfù	father-in-law
11. 岳母	yuèmǔ	mother-in-law
12. 爱人	àiren	husband or wife
13. 姐夫	jiěfu	brother-in-law
14. 嫂子	sǎozi	sister-in-law
15. 丈夫	zhàngfu	hushand
16. 记	jì	to remember
17. 聪明	cōngming	clever

注释 Notes

一、语言要点 （Grammar points）

1. "请教"

   请求别人指教时常用的词。如：

   (1)请教一下，这个字怎么读？

   (2)这个问题我不太明白，想请教你。

   (3)我想向你请教一个历史问题。

2. "怎么"

   用于询问性质、状况、方式、原因等。用于反问时，常说"怎么是……呢"，表示对方说的与事实不符，是肯定的语气。如：

   (1)他怎么是日本人呢？（他不是日本人）

   (2)今天怎么是星期日呢？今天是星期六！（今天不是星期日）

   (3)这怎么是芹菜呢？这叫白菜！（这不是芹菜，是白菜）

   (4)你记错了！怎么是180元呢！（不是180元）

   (5)现在怎么是8点呢？（现在不是8点）

   (6)这怎么是羊呢？这是牛！（这不是羊，是牛）

二、相似说法 （The similar expressions）

1. 向你请教一下。

   (1)请教你一下。

   (2)请教一下。

   (3)可以请教一下吗？

2. 你真聪明！

   (1)你挺聪明的！

第二课　谈家庭
Lesson 2　Talking about family

(2)你太聪明了！
(3)你很聪明！

口语练习 Speaking exercises

一、用正确的语调朗读下面的句子
(Read the following sentences in correct intonation loudly)

1. 向你请教一下。
2. 爸爸的兄弟姐妹怎么称呼呢？
3. 哎呀，真难记！
4. 还有呢！
5. 我的哥哥和姐姐都结婚了。
6. 你真聪明！

二、替换练习　(Substitution drills)

1. 我怎么称呼他的爱人呢？

你	朋友
王老师	妻子
玛丽	同屋
他的	妹妹

2. 怎么是星期天呢？

这本书
安妮
李老师
我的笔

3. 你真聪明。

他	努力
我	生气
今天	冷
心里	高兴

39

三、回答问题　(Answer the following questions)

1. 你知道爸爸妈妈的爸爸和妈妈怎么称呼吗?
2. 请介绍一下你的家庭。
3. 你们国家是怎么称呼家庭成员的?

四、用所给的词语完成对话

(Complete the following dialogues with the given words)

1. 男：_____,爸爸的爸爸妈妈怎么称呼?（请教）

   女：_____。（叫）

   男：妈妈的爸爸妈妈也一样吗?

   女：_____。（不一样,叫）

2. 男：请问,妻子的父亲是叫"公公"吗?

   女：_____?（怎么是……呢）

   男：那么,_____?（怎么称呼）

   女：妻子的父亲叫"岳父"。

3. 男：_____。（全家福）

   女：我看看。

   男：我们是和睦的大家庭。

   女：_____。（羡慕）

五、讨论　(Discussion)

1. 复述你所学到的各家庭成员的称呼。
2. 谈谈你家每个成员的不同特点。
3. 你喜欢大家庭还是小家庭? 为什么?

第二课　　谈家庭
Lesson 2　Talking about family

听力练习 Listening exercises

一、听录音,快速回答问题
（Listen and answer the following questions quickly）

1. 小王的哥哥怎么样？
2. 爸爸的父亲和母亲叫什么？
3. 妈妈的父亲和母亲怎么称呼？
4. 哥哥的妻子叫什么？姐姐的丈夫叫什么？
5. 王文怎么样？

二、听录音,找出你听到的词语　（Listen and underline the words you heard）

1. A. 岳母　　　B. 岳父　　　C. 父亲　　　D. 母亲
2. A. 哥哥　　　B. 婆婆　　　C. 叔叔　　　D. 公公
3. A. 姐姐　　　B. 嫂子　　　C. 叔叔　　　D. 伯伯
4. A. 兄弟妹妹　B. 兄弟姐妹　C. 姐姐兄弟　D. 弟弟妹妹

三、听录音,回答问题　（Listen and answer the following questions）

（一）

1. 说话人和姑姑怎么聊天儿？
2. 姑姑现在在什么地方？
3. 姑姑想带谁来北京玩儿？
4. 姑姑的哥哥嫂子是谁？

（二）

1. 说话人现在跟谁一起生活？离家乡近吗？
2. 说话人家里还有哪些人？他想念他们吗？

3. 说话人以前怎么跟他们联系？

4. 现在怎么联系？方便吗？

5. 现在虽然离家很远，但是他的感觉怎么样？

四、听录音，判断正误

(True or false based on the following statements you listened)

1. 我非常爱我的家人。（   ）

2. 我最喜欢爸爸。（   ）

3. 我的妈妈很善良。（   ）

4. 爸爸是篮球运动员。（   ）

5. 妹妹帅极了。（   ）

6. 妹妹上小学二年级。（   ）

7. 妹妹又白又胖。（   ）

8. 贝克是一只小狗。（   ）

五、听录音，选择正确答案 (Listen and choose the right answers)

1. 谁是交通警察？
   A. 弟弟　　　　B. 我　　　　C. 哥哥　　　　D. 嫂子

2. 哥哥每天怎么样？
   A. 早晚出去　　B. 早上出去　　C. 早出晚归　　D. 晚上出去

3. 姐姐做什么工作？
   A. 小学教师　　B. 大学教师　　C. 中学教师　　D. 文学教师

4. 谁是牙科医生？
   A. 姐姐　　　　B. 妹妹　　　　C. 我　　　　　D. 姐夫

第二课　　谈家庭
Lesson 2　Talking about family

六、听录音,整理句子 (Listen and put the following sentences in order)

① 今天我们全家照了一张全家福
② 他很想我们
③ 用微信给叔叔发过去了
④ 我的叔叔在国外工作
⑤ 想要一张全家的照片儿
⑥ 他跟爸爸说
⑦ 这不

_____

七、听录音,复述内容 (Listen and retell)

补充词语
(Supplementary new words)

1.	想	xiǎng	to want; to miss
2.	吃	chī	to eat
3.	学校	xuéxiào	school
4.	中国	Zhōngguó	China
5.	朋友	péngyou	friend
6.	喜欢	xǐhuan	to like
7.	妹妹	mèimei	younger sister
8.	玛丽	Mǎlì	*name of a person*

中国文化点滴
（Chinese culture snack）

中国人很看重家庭,过去,关于家庭的最高理想就是"四世同堂"甚至"五世同堂",即祖父——父亲——儿子——孙子——重孙。在中国,亲戚的称呼分得很详细,父系和母系双方的亲戚各有不同的称呼。

现在,随着社会的发展,人们的家庭观念也发生了很大变化,由崇尚大家庭变成喜欢小家庭。现在,三口、四口之家越来越多,亲戚关系也变得简单了。

第三课 问 路

Lesson 3 Asking the way

课文（一）
Text 1

马克：请问 去 火车站 坐几 路 车？
Mǎkè： Qǐngwèn qù huǒchēzhàn zuò jǐ lù chē?

李丽：1 路 汽车、5 路 电车 都 行。
Lǐ Lì： Yī lù qìchē、wǔ lù diànchē dōu xíng.

马克：车站 在 哪儿？
Mǎkè： Chēzhàn zài nǎr?

李丽：往 前 走，到 第一个 路口 往 右 拐 就 是。
Lǐ Lì： Wǎng qián zǒu, dào dì-yī ge lùkǒu wǎng yòu guǎi jiù shì.

马克：1 路、5 路 都 在 那儿 吗？
Mǎkè： Yī lù、wǔ lù dōu zài nàr ma?

李丽：都 在 那儿。
Lǐ Lì：Dōu zài nàr.

马克：谢谢。
Mǎkè：Xièxie.

李丽：不谢。
Lǐ Lì：Bú xiè.

生词 New words

1. 请　　　　　　qǐng　　　　　　please
2. 问　　　　　　wèn　　　　　　to ask
3. 去　　　　　　qù　　　　　　 to go
4. 火车站　　　　huǒchēzhàn　　 railway station
5. 坐　　　　　　zuò　　　　　　to take（a bus）
6. 汽车　　　　　qìchē　　　　　bus
7. 电车　　　　　diànchē　　　　trolleybus
8. 车站　　　　　chēzhàn　　　　（bus）station
9. 往　　　　　　wǎng　　　　　 to
10. 前　　　　　 qián　　　　　 ahead
11. 走　　　　　 zǒu　　　　　　to walk
12. 路口　　　　 lùkǒu　　　　　crossing
13. 右　　　　　 yòu　　　　　　right
14. 拐　　　　　 guǎi　　　　　 to turn
15. 就　　　　　 jiù　　　　　　exactly
16. 那儿　　　　 nàr　　　　　　there
17. 谢　　　　　 xiè　　　　　　to thank
18. 不　　　　　 bù　　　　　　 not

第三课　问　路
Lesson 3　Asking the way

注释 Notes

一、语言要点　(**Grammar points**)

1. "1 路汽车""5 路电车"

No. 1 bus, No. 5 trolley. For example:

8 号房间(bā hào fángjiān　No. 8 room)

6 号楼(liù hào lóu　No. 6 building)

(1) 男:你住几号楼?（Nǐ zhù jǐ hào lóu?　Which buiding do you live?）

　　女:9 号。（Jiǔ hào.　No. 9.）

(2) 男:他在几号房间?（Tā zài jǐ hào fángjiān?　Which room does he live?）

　　女:4 号。（ Sì hào.　No. 4.）

(3) 男:安妮的房间是几号?（Ānnī de fángjiān shì jǐ hào?　Which room is Anni's?）

　　女:15 号。（Shíwǔ hào.　No. 15.）

在口语中,如果数字是三位数以上,后边的量词常常省略,数字中的"1"常读作 yāo。如:

If the number is three figure number or over three figure number, we often omitted the measure word in spoken language. "1" is often read as "yāo". For example:

(1) 男:你住几号房间?（Nǐ zhù jǐ hào fángjiān?　Which room do you live?）

　　女:103。（Yāolíngsān.　103.）

(2)女：几路车去中山广场？（Jǐ lù chē qù Zhōngshān Guǎngchǎng?
　　　　Which bus is for Zhongshang Square?)

　　　男：705。（Qīlíngwǔ.　705.）

2. "往"

表示向某个方向移动。如：

"往" means "in the direction of". For example：

往前（wǎng qián　frontwards）　　往后（wǎng hòu　backwards）

往外（wǎng wài　outwards）　　　往里（wǎng lǐ　inwards）

往左（wǎng zuǒ　leftwards）　　 往右（wǎng yòu　rightwards）

往上（wǎng shàng　upwards）　　 往下（wǎng xià　downwards）

往东（wǎng dōng　eastwards）　　往西（wǎng xī　westwards）

往南（wǎng nán　southwards）　　往北（wǎng běi　northwards）

3. "就"

强调肯定语气。如：

"就" indicates emphasis. For example：

(1)女：谁是王老师？（Shuí shì Wáng lǎoshī?　Who's Mr. Wang?）

　　　男：他就是。（Tā jiù shì.　He is.）

(2)女：哪件衣服是小王的？（Nǎ jiàn yīfu shì Xiǎo Wáng de?
　　　　Which clothes is Xiao Wang's?)

　　　男：这件就是。（Zhè jiàn jiù shì.　This one.）

(3)女：708车站在哪儿？（Qīlíngbā chēzhàn zài nǎr?　Where is the
　　　708 station?）

　　　男：这儿就是。（Zhèr jiù shì.　Here it is.）

(4)女：我的书在哪儿？（Wǒ de shū zài nǎr?　Where is my book?）

　　　男：就在桌子上。（Jiù zài zhuōzi shang.　It's just right on the table.）

第三课　问　路
Lesson 3　Asking the way

(5) 女:火车站在哪儿？(Huǒchēzhàn zài nǎr?　Where's the railway station?)

男:就在马路北边。(Jiù zài mǎlù běibian.　It's just in the north of the street.)

二、相似说法　(The similar expressions)

1. 请问去火车站坐几路车？
   (1) 请问到火车站坐哪路车？
   (2) 请问上火车站坐什么车？
   (3) 请问去火车站怎么走？

2. 车站在哪儿？
   (1) 车站在什么地方？
   (2) 哪儿是车站？

3. 往前走。
   (1) 向前走。
   (2) 朝前走。

4. 甲:谢谢。
   乙:不谢。(不用谢。/不客气。/没事儿。)

口语练习 Speaking exercises

一、用正确的语调朗读下面的句子
(Read the following sentences in correct intonation loudly)

1. 请问去火车站坐几路车？
2. 车站在哪儿？

49

3. 往前走,到第一个路口往右拐就是。

4. 不用谢。

二、替换练习 (Substitution drills)

1. 去<u>火车站</u>坐几路车?

| 邮局 |
| 广场 |
| 机场 |
| 中国银行 |

2. <u>车站</u>在哪儿?

| 留学生楼 |
| 食堂 |
| 洗手间 |
| 火车站 |

三、回答问题 (Answer the following questions)

1. 离学校最近的车站在哪儿?怎么走?

2. 你去中国银行要过马路吗?要坐车吗?

3. 从你的房间到教室怎么走?

四、用所给的词语完成对话

(Complete the following dialogues with the given words)

1. 女:请问,去火车站怎么走?

    男:_____。(往,拐)

    女:_____。(谢)

    男:不用谢。

2. 男:这是张老师家吗?

    女:对,_____。(就是)

3. 男:_____?(几路)

    女:101电车就行。

第三课　问　路
Lesson 3　Asking the way

五、看地图，编对话 （Make up a dialogue based on the map）

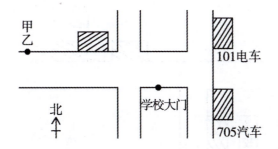

六、复述所学的课文 （Retell the text）

听力练习 Listening exercises

一、听录音，找出你听到的词语
（Listen and underline the words you heard）

1. A. 南边　　B. 北边　　C. 右边　　D. 左边
2. A. 对面　　B. 东面　　C. 前面　　D. 后面
3. A. 前边　　B. 后边　　C. 左边　　D. 右边
4. A. 后边　　B. 东边　　C. 西边　　D. 前边

二、听录音，画图 (Listen and draw the map)

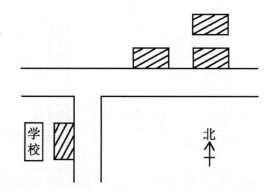

三、听录音，回答问题 (Listen and answer the following questions)
1. 大卫的朋友是哪国人？
2. 他住在哪儿？
3. 去他家要坐车吗？
4. 去他家怎么走？

四、听录音，判断正误
(True or false based on the following statements you listened)
1. 去汽车站从这儿一直往前走。（　　）
2. 从这儿一直往西走就是火车站。（　　）
3. 第四个路口往南拐。（　　）
4. 马路北边就是。（　　）

五、听录音，选择正确答案 (Listen and choose the right answers)
1. 年轻人想去_____。
 A. 医院　　　　B. 火车站　　　　C. 商店

2. 往前走，马路_____就是。
 A. 左边　　　　B. 西边　　　　C. 右边

第三课　问　路
Lesson 3　Asking the way

3. 火车站_____。
　　A. 不太远　　　　B. 很远　　　　　C. 有点儿远

4. 去火车站走_____就行。
　　A. 五分钟　　　　B. 二十分钟　　　C. 十分钟

六、听录音，填空　(Listen and fill in the blanks)
　　我家在_____那条路上，从这儿一直往_____走，过了_____，路_____有一个医院，医院_____就是。

七、听录音，复述内容　(Listen and retell)

课文（二）
Text 2

玛丽：大卫，友谊商城怎么走？
大卫：友谊商城挺远的，你到马路对面坐3路车，在这儿坐就坐反了。
玛丽：要不要倒车？
大卫：要倒，3路车坐到头儿，再倒101，坐两站，下车再走十分钟。
玛丽：这么费劲儿，有没有直达车？
大卫：那边有地铁能直接到友谊商城门口。
玛丽：现在坐车是不是都刷卡了？
大卫：是的，你可以直接刷公交卡，也可

那边有地铁能直接到友谊商城门口。

这么费劲儿，有没有直达车？

以刷手机,很方便,出门就不用总带零钱了,而且还便宜。对了,你也可以自动投币,票价两元,自己得先准备好零钱。

玛丽:那地铁多少钱?

大卫:去友谊商城地铁大概四块,可以刷公交卡,也可以刷手机。我看你就坐地铁或者打车吧,方便一点儿。

生词 New words

1.	友谊商城	Yǒuyì Shāngchéng	the Friendship Shopping Center
2.	对面	duìmiàn	opposite
3.	倒	dǎo	to change
4.	头儿	tóur	end
5.	费劲儿	fèi jìnr	need or use great effort
6.	直达车	zhídáchē	through bus
7.	地铁	dìtiě	subway
8.	直接	zhíjiē	direct
9.	刷	shuā	to swipe
10.	卡	kǎ	card
11.	公交卡	gōngjiāokǎ	bus card
12.	手机	shǒujī	cell phone
13.	零钱	língqián	small change
14.	自动投币	zìdòng tóu bì	to drop the money automatically
15.	票价	piàojià	ticket price
16.	准备	zhǔnbèi	to prepare; to get ready
17.	打车	dǎ chē	take a taxi
18.	方便	fāngbiàn	convenient

第三课　问　路
Lesson 3　Asking the way

注释 Notes

一、语言要点　（Grammar points）

1. "坐到头儿"

"头儿"的意思是"最后"。如：

(1) 甲：校医院在哪儿？

乙：走到头儿就是。

(2) 甲：我的书你看到哪儿了？

乙：快看到头儿了。

(3) 快跑，跑到头儿，你就是第一了。

2. "刷手机"

在中国乘坐公交车或地铁，除了刷公交卡外，也可以刷手机。在手机上下载安装 APP，绑定支付宝账户或用微信支付的方式，即可以刷手机乘坐公交车或地铁。

二、相似说法　（The similar expressions）

1. 友谊商城挺远的。

(1) 友谊商城比较远。

(2) 友谊商城有点儿远。

2. 在这儿坐就坐反了。

(1) 从这儿坐就坐反了。

(2) 这儿坐就反了。

3. 要不要倒车？

(1) 要倒车不要？

(2) 要倒车吗？

(3) 要换车吗？

4. 这么费劲儿。
   这么麻烦。

5. 有没有直达车?
   (1)有直达车没有?
   (2)有直达车吗?

6. 方便一点儿
   (1)省事一点儿
   (2)容易一点儿
   (3)少点儿麻烦

7. 你就坐地铁或者打车吧。
   (1)你就坐地铁或者打的吧。
   (2)你就乘地铁或者坐出租吧。
   (3)你就坐地铁或者坐出租车吧。

口语练习 Speaking exercises

一、用正确的语调朗读下面的句子
   (Read the following sentences in correct intonation loudly)
   1. 去友谊商城怎么走?
   2. 在这儿坐就坐反了。
   3. 有没有直达车?
   4. 可以刷公交卡,也可以刷手机。

第三课　　问　路
Lesson 3　　Asking the way

二、替换练习　（Substitution drills）

1. 一直往前走，过马路，向右拐。　2. 坐到头儿，再倒 2 路汽车。

| 东西北南 | 立交桥
红绿灯
十字路口
天桥 | 北南西东 |

| 1 路电车
地铁
202 路
2 路公共汽车 |

三、回答问题　（Answer the following questions）

1. 从教室到你的宿舍怎么走？
2. 从宿舍到邮局远不远？怎么走？
3. 你在中国第一次上街有什么感想？迷路了吗？
4. 你在中国问过路吗？怎么打招呼？怎么表示感谢？

四、用所给的词语完成下面的对话

（Complete the following dialogues with the given words）

1. 男：＿＿＿＿＿＿＿＿＿＿＿＿？（几路）
   女：101 电车就行。

2. 男：你家离这儿远不远？
   女：不远，＿＿＿＿＿＿＿＿＿＿＿＿。（对面）

3. 男：＿＿＿＿＿＿＿＿＿＿＿＿？（哪儿）
   女：往左拐，第二个路口就是。

4. 男：请问，购物中心在哪儿？
   女：＿＿＿＿＿＿＿＿＿＿＿＿。（顺着，一直，右拐）

5. 男：请问，到电影院怎么走？
   女：一直往前走，＿＿＿＿＿＿＿＿＿＿＿＿，友谊商城旁边就是。
   　　（十字路口，往）

五、看地图，编对话 (Make up a dialogue based on the map)

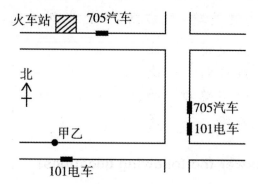

听力练习 Listening exercises

一、听录音，找出你听到的词语 (Listen and underline the words you heard)

1. A. 旁边　　B. 后边　　C. 南边　　D. 北边
2. A. 西边　　B. 东边　　C. 北边　　D. 南边
3. A. 前边　　B. 后边　　C. 左边　　D. 右边
4. A. 前边　　B. 后边　　C. 左边　　D. 右边

二、听录音，画路线图 (Listen and draw the map)

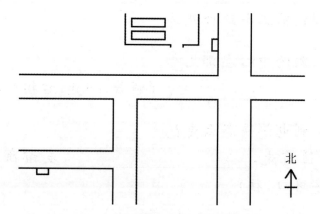

第三课　问　路

Lesson 3　Asking the way

三、听录音,回答问题　(Listen and answer the following questions)

1. 田中想去哪儿?他还想去哪儿?
2. 这条路能到书店吗?怎么走?
3. 几路车到大明商店?
4. 复述这段话。

四、听录音,判断正误

(True or false based on the following statements you listened)

1. 去购物中心,骑车去很不方便。(　　)
2. 要想坐车就在校门口坐202路汽车。(　　)
3. 202路电车坐到头儿,再倒701路汽车。(　　)
4. 701路汽车坐三站就行。(　　)
5. 新华书店旁边是购物中心。(　　)

五、听录音,选择正确答案　(Listen and choose the right answers)

1. 我们学校在黄河路_____。
   A. 南边　　　B. 左边　　　C. 北边　　　D. 东边

2. 马路_____有个校园。
   A. 东边　　　B. 西边　　　C. 北边　　　D. 后边

3. _____校园里有一个小操场。
   A. 北边　　　B. 西边　　　C. 南边　　　D. 东边

4. 操场_____有个幼儿园。
   A. 北边　　　B. 西边　　　C. 南边　　　D. 东边

5. 操场_____是图书馆。
   A. 西北边　　B. 东北边　　C. 东南边　　D. 西南边

6. 医院的_____是学生食堂。
   A. 前边　　　　B. 左边　　　　C. 后边　　　　D. 东边

六、听录音,填空 (Listen and fill in the blanks)

你进了校门_____走,走到_____往_____拐,再走_____往_____拐。拐过来,路左边是一个_____,右边是_____。你就顺着那条路一直_____就是。

七、听录音,整理句子 (Listen and put the following sentences in order)

① 北京城的布局发生了很大变化
② 大部分胡同和大街不是南北方向就是东西方向
③ 老北京是一个方方正正的城市
④ 老北京的胡同很多
⑤ 北京是中国的首都
⑥ 随着城市现代化的发展

_____

课文(三)
Text 3

(在大门口)

玛丽：老先生,我想跟您打听一下,这儿是不是光明小区？

老张：对,这儿就是。你有什么事儿？

玛丽：我想找68号楼。以前来

第三课 问 路
Lesson 3 Asking the way

过一次,现在变化太大了,几年不来就找不着了。

老张:是啊,这周围又盖了许多新楼。你找68号楼,还远着呢。你沿着这条马路一直往北走,走到最北头儿,有一个大花坛,到那儿你再问问吧。

玛丽:好,谢谢您。

(在花坛前)

玛丽:大爷,您知道68号楼在哪儿吗?

老李:你顺着这条路往前走,前边有个十字路口,在那儿往北拐,走不远路西有一排商店,商店后面就是。你找几单元?

玛丽:我找三单元。

老李:三单元从东数第三个门。

玛丽:从这儿到68号楼还要走多长时间?

老李:大概七八分钟吧。

玛丽:真谢谢您了。

老李:不客气。

生词 New words

1. 小区	xiǎoqū	residence community
2. 变化	biànhuà	to change
3. 周围	zhōuwéi	around
4. 盖	gài	to build
5. 沿	yán	(to walk) along
6. 花坛	huātán	flower bed; flower terrace
7. 顺着	shùnzhe	to follow
8. 十字路口	shízì lùkǒu	crossroads

9. 排	pái	row; line
10. 单元	dānyuán	unit
11. 数	shǔ	to count

注释 Notes

一、语言要点　(Grammar points)

1. "找不着"

不能找到。动词+"不着"表示不能完成某种行为或动作。如：

(1) 房间太乱了，什么东西都找不着。
(2) 我的词典找不着了，你看见了吗？
(3) 甲：你找得着找不着我们家？
　　乙：放心吧，找得着。

类似用法：拿不着、看不着、买不着、吃不着、够不着。如：

(1) 我坐得太远了，而且黑板上的字太小，我一点儿也看不着。
(2) 放假了，大家都到外地玩儿，便宜机票根本买不着。
(3) 箱子在柜子上边，太高了，我够不着。

2. "远着呢"

很远。"……着呢"意思是"很……"。如：

(1) 火车站远着呢，你坐地铁去吧。
(2) 这个菜好吃着呢，多吃点儿吧。
(3) 他走得快着呢，一会儿就看不见了。
(4) 你别着急，慢慢看，这本书难着呢。

3. "大爷"

对陌生老年男子的称呼，其他称呼还有大伯、大叔、老先生。父亲的哥哥也称"大爷"，父亲的弟弟称"叔叔"。

第三课　问　路
Lesson 3　Asking the way

4. "从……到……"

表示时间或处所的起点和终点。如：

从去年到今年　从上午到下午　从八点到十二点

从东到西　从东京到北京　从学校到医院

5. "七八分钟"

表示大概的时间。类似的还有：

五六斤　十三四个　二十七八天　一两年　六七百人

八九千公斤

二、相似说法　(The similar expressions)

1. 我想跟您打听一下。

(1) 我想跟您打听点儿事儿。

(2) 我想麻烦您一下。

2. 沿着这条马路一直往北走。

顺着这条马路一直往北走。

3. 到那儿你再问问。

到那儿你再打听打听。

4. 68楼3单元

68栋3门

5. 大概七八分钟

(1) 大约七八分钟

(2) 差不多七八分钟

(3) 可能七八分钟

口语练习 Speaking exercises

一、用正确的语调朗读下面的句子

(Read the following sentences in correct intonation loudly)

1. 我想跟您打听一下。
2. 几年不来就找不着了。
3. 顺着这条路往前走,前边十字路口往北拐。
4. 从东数第三个门。

二、替换练习 (Substitution drills)

1. 往右拐,就是火车站。 2. 沿着马路往前走。 3. 68号楼远着呢。

商店	大街	这个苹果	好吃
大花坛	胡同	那本书	难
地铁站	这个商店	这条马路	干净
校门口	那排楼房	他的女朋友	漂亮

三、回答问题 (Answer the following questions)

1. 你在中国问路有什么感想?
2. 新来的同学问你去食堂怎么走,图书馆怎么走,你怎么说?
3. 休息的时候你常常上街吗?经常乘车吗?
4. 在中国乘车和在你们国家有什么不同?

四、用所给的词语完成对话

(Complete the following dialogues with the given words)

1. 男:你认识去机场的路吗?

第三课　　问　路
Lesson 3　　Asking the way

3

女：以前认识，可自从修了立交桥，我就有点儿糊涂了，_____。（着）

2. 男：到西郊公园坐几路车？

女：_____。（头儿，倒）

3. 男：请问，去电影院怎么走？

女：_____。（对面，坐反了）

五、看图，指出从学校出来到下列地方怎么走

（According to the map, point out the route of the following places starting from school）

1. 图书馆　2. 书店　3. 银行　4. 医院　5. 火车站
6. 超市　　7. 邮局　8. 公园　9. 电影院　10. 饭店

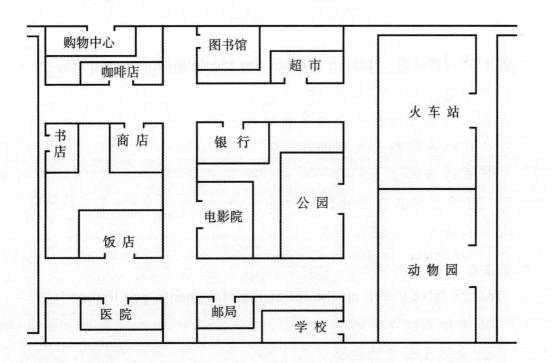

六、讨论 (Discussion)

1. 谈谈中国的交通与你们国家有什么不同。
2. 谈谈你们国家城市的布局与中国的城市有什么不同。
3. 谈谈在中国乘车的感想。

听力练习 Listening exercises

一、听录音,画图 (Listen and draw the map)

二、听录音,回答问题 (Listen and answer the following questions)

1. 老人想去哪儿？为什么要去？
2. 老人的朋友住在城市的东边还是西边？
3. 坐几路车能到老人朋友那儿？
4. 下车以后怎么走？
5. 128号可能在胡同的什么位置？
6. 老人为什么不想打车？

三、听录音,判断正误

(True or false based on the following statements you listened)

1. 电影院西边是一个超市。（　　）
2. 教学楼在食堂的东边。（　　）

第三课　问　路
Lesson 3　Asking the way

3. 宿舍楼在商店和食堂的后边。（　）

4. 我朋友家在东北街209号。（　）

5. 留学生宿舍在15号楼。（　）

6. 大学的北边有一个幼儿园。（　）

7. 那个学校外边有一个大花园。（　）

8. 操场的对面是一个18层的教学楼。（　）

9. 杰夫房间的对面就是山本的房间，山本房间的旁边就是玛丽的房间。（　）

10. 他旁边站着的人是他的女朋友。（　）

四、听录音，选择正确答案　(Listen and choose the right answers)

1. 我爱人的工作单位_____。
   A. 不太远　　B. 远极了　　C. 比较远　　D. 一点儿也不远

2. 出了家门先坐_____到动物园下。
   A. 907路　　B. 807路　　C. 908路　　D. 809路

3. 地铁要坐_____站。
   A. 五站　　B. 两站　　C. 十站　　D. 八站

4. 坐完地铁还要坐105路_____，坐_____站。
   A. 电车，3　　B. 汽车，2　　C. 电车，2　　D. 汽车，3

5. 下车后过马路，向_____再走五十米。
   A. 西　　B. 南　　C. 北　　D. 东

五、听录音，填空　(Listen and fill in the blanks)

我们公司在_____。您从立交桥下一直_____，到了_____往_____拐，路_____有个书店，书店_____是个电影院。电影院旁边是一条_____的大马路。_____那条马路再往_____走_____是超市。超市_____有_____的大楼,靠_____的就是我们公司。

六、听录音,整理句子 (Listen and put the following sentences in order)

① 再换202路汽车,坐三站,在和平路下车
② 看见一条马路,往右拐就到了中山广场
③ 下车走地下通道过马路
④ 去新华书店先坐101路电车,在胜利街下车
⑤ 再走两三分钟
⑥ 新华书店在广场的北面

补充生词
(Supplementary new words)

1. 邮局	yóujú	post office
2. 广场	guǎngchǎng	square
3. 机场	jīchǎng	airport
4. 中国银行	Zhōngguó Yínháng	Bank of China
5. 留学生楼	liúxuéshēnglóu	buiding for overseas students
6. 食堂	shítáng	dining hall
7. 洗手间	xǐshǒujiān	washroom
8. 北边	běibian	north
9. 左边	zuǒbian	left
10. 东面	dōngmiàn	east
11. 后面	hòumiàn	back
12. 西面	xīmiàn	west

第三课　问　路
Lesson 3　Asking the way

13. 咖啡	kāfēi	coffee
14. 超市	chāoshì	supermarket
15. 立交桥	lìjiāoqiáo	cloverleaf junction
16. 红绿灯	hónglǜdēng	traffic lights
17. 天桥	tiānqiáo	overline bridge
18. 公寓	gōngyù	apartment
19. (南北)向	(nánběi)xiàng	direction(from north to south)
20. 操场	cāochǎng	playground
21. 单位	dānwèi	unit
22. 地下通道	dìxià tōngdào	underpass
23. 喷泉	pēnquán	fountain

中国文化点滴

（Chinese culture snack）

　　中国城市的街道名称一般分为三类。一类以地方的名字命名,如北京路、上海路、四川路、大连街等等。另一类与历史有关,如许多城市的街道叫"××营",意思是古代军队驻扎的地方。又如北京的"琉璃厂",是古代烧制琉璃瓦的地方。北京的"金鱼胡同",则是古代一些养金鱼、卖金鱼为生的人家住在那儿。"缸瓦市街"原是古代卖锅、碗、水缸等物的集市。还有一类,用名人的名字命名,如张自忠路、中山路、彭刘杨路、鲁班路等。

第四课　买东西（上）

Lesson 4　Shopping（I）

扫码听录音

课文（一）
Text 1

玛　丽：　请问，那个多少　钱？
Mǎlì：　Qǐngwèn, nàge duōshao qián?

售货员：　是 这个 吗？这　种　矿泉水　　两　元 一瓶。
Shòuhuòyuán：Shì zhège ma? Zhè zhǒng kuàngquánshuǐ liǎng yuán yì píng.

玛　丽：　我买　两　瓶。
Mǎlì：　Wǒ mǎi liǎng píng.

售货员：　好，一共 四块。
Shòuhuòyuán：Hǎo, yígòng sì kuài.

玛　丽：　给你钱。
Mǎlì：　Gěi nǐ qián.

第四课　　买东西（上）
Lesson 4　　Shopping (I)

售货员： 你这是十块，找你六块。请数一下。
Shòuhuòyuán: Nǐ zhè shì shí kuài, zhǎo nǐ liù kuài. Qǐng shǔ yíxià.

玛　丽： 好，正好。
Mǎlì: Hǎo, zhènghǎo.

售货员： 请收好。再见！
Shòuhuòyuán: Qǐng shōuhǎo. Zàijiàn!

玛　丽： 再见。
Mǎlì: Zàijiàn.

生词 New words

1. 那　　　　nà　　　　　　　　that
2. 个　　　　gè　　　　　　　　*a measure word*
3. 多少　　　duōshao　　　　　how much; how many
4. 钱　　　　qián　　　　　　　money
5. 种　　　　zhǒng　　　　　　kind
6. 矿泉水　　kuàngquánshuǐ　　mineral water
7. 元　　　　yuán　　　　　　　*a monetary unit in China*
8. 瓶　　　　píng　　　　　　　bottle
9. 买　　　　mǎi　　　　　　　to buy
10. 块　　　kuài　　　　　　　*yuan, often used in colloquial language*
11. 找　　　zhǎo　　　　　　　to change
12. 一下　　yíxià　　　　　　　one time; once
13. 正好　　zhènghǎo　　　　　just right
14. 收　　　shōu　　　　　　　to take; to receive
15. 再见　　zàijiàn　　　　　　good-bye

注释 Notes

一、语言要点 (Grammar points)

1. "种(这种、那种)"

   量词,表示事物的类别。如:

   "种" is a measure word, means category. For example:

   (1) 一种(yì zhǒng a kind of) 两种(liǎng zhǒng two kinds of)

   (2) 这个商店里有很多种矿泉水。(Zhège shāngdiàn li yǒu hěn duō zhǒng kuàngquánshuǐ. There are many kinds of mineral water in this shop.)

   (3) 我没听说过这种事儿。(Wǒ méi tīngshuō guo zhè zhǒng shìr. I have never heard such a thing.)

   (4) 孩子喜欢那种白色的小狗。(Háizi xǐhuan nà zhǒng báisè de xiǎo gǒu. The children like that white dog.)

   (5) 你要哪种面包?(Nǐ yào nǎ zhǒng miànbāo? What kind of bread do you want?)

2. "两"

   数字"二"在一般量词前用"两"表示。如:

   "两" is followed by a measure word. For example:

   两个人(liǎng ge rén two persons)

   两双鞋(liǎng shuāng xié two pairs of shoes)

   两本书(liǎng běn shū two books)

   两支笔(liǎng zhī bǐ two pens)

   两块糖(liǎng kuài táng two candies)

   两棵树(liǎng kē shù two trees)

   两件衣服(liǎng jiàn yīfu two clothes)

第四课　　买东西（上）
Lesson 4　　Shopping (I)

但作为序数的"二"不用"两"表示。如：
"二" is used in counting. For example：

第二（dì-èr　second）　二月（èryuè　February）
二年级（èr niánjí　second grade）

3."数一下"

"数"，一个一个地计算。"一下"，用在动词后边，表示做一次或试着做。常用在祈使句中。如：

"数" means counting. "一下" often follows a verb, means do one time, or try to do sth.. It is often used in an imperative sentence. For example：

(1) 数钱（shǔ qián　count money）

(2) 你数一下这些钱。（Nǐ shǔ yíxià zhèxiē qián.　Please count these money.）

(3) 你们数一下学生。（Nǐmen shǔ yíxià xuésheng.　Please count the students.）

(4) 让他们数一下桌子。（Ràng tāmen shǔ yíxià zhuōzi.　Let them count the tables.）

(5) 他数了一下，一共有五十个人。（Tā shǔle yíxià, yígòng yǒu wǔshí ge rén.　He has counted, there are fifty persons in all.）

4."收好"

"好"，用在动词后，表示完成或达到完善的地步。如：

"好" is used after verbs, means "accomplished well". For example：

(1) 做好（zuòhǎo　do well）　穿好（chuānhǎo　dress well）
　　吃好（chīhǎo　eat well）

(2) 坐好吧。（Zuòhǎo ba.　Take your seat, please.）

(3) 准备好了。（Zhǔnbèi hǎo le.　Be ready.）

(4) 钱数好了。（Qián shǔhǎo le.　Money has been counted up.）

(5) 衣服买好了吗？（Yīfu mǎihǎo le ma?　Have you bought your clothes?）

二、相似说法 （The similar expressions）

1. 那个多少钱？
   (1) 那个怎么卖？
   (2) 那多少钱？
   (3) 那一个多少钱？

2. 请数一下。
   (1) 请数一数。
   (2) 请数数。
   (3) 请点点。
   (4) 请点一点。

3. 请收好。
   (1) 请拿好。
   (2) 请装好。
   (3) 请放好。

口语练习 Speaking exercises

一、用正确的语调朗读下面的句子

(Read the following sentences in correct intonation loudly)

1. 请问，那个多少钱？
2. 是这个吗？
3. 我买两瓶。
4. 给你钱。

第四课　买东西（上）
Lesson 4　Shopping (I)

二、替换练习　（Substitution drills）

1. 那个多少钱？

| 面包 |
| 可乐 |
| 你的新手机 |
| 那本书 |

2. 请数一下。

| 看 |
| 写 |
| 说 |
| 介绍 |

三、回答问题　（Answer the following questions）

1. 在中国，你买过什么东西？分别是多少钱？
2. 一瓶可乐五元钱，三瓶一共多少钱？
3. 二十块钱买三瓶可乐，该找多少钱？
4. 这是十元钱，其中有一张五元的，最多还能有几张两元的？

四、用所给的词语完成对话
（Complete the following dialogues with the given words）

男：香蕉，谁买香蕉！
女：＿＿＿＿＿＿＿＿＿＿＿＿？（多少钱）
男：五块钱一斤。
女：＿＿＿＿＿＿＿＿＿＿＿＿。（买）
男：你这是一百块，＿＿＿＿＿＿＿＿＿＿＿＿。（找）
女：＿＿＿＿＿＿＿＿＿＿＿＿。（对）

五、把下面的词语整理成句子　（Make up sentences with the following words）

1. 多少　一斤　香蕉　钱

   ＿＿＿＿＿＿＿＿＿＿＿＿

2. 二十二　找　元　你

   ＿＿＿＿＿＿＿＿＿＿＿＿

3. 你　收　请　好

_____

4. 你　点　请　点

_____

六、讨论　(Discussion)

你在中国买过什么？说一说你买东西的经过。

听力练习 Listening exercises

一、听录音，回答问题　(Listen and answer the following questions)

1. 小的可乐多少钱一瓶？

2. 买东西花了多少钱？

3. 男的买了什么？一共多少钱？

4. 问1：说话人买了几个西瓜？

   问2：一共花了多少钱？

   问3：买的苹果和橘子一共多少斤？

二、听录音，选择意思相近的说法　(Listen and choose the right sentences)

1. A. 小王去卖笔和笔记本
   B. 小王买了一个笔记本
   C. 小王买了笔记本和圆珠笔
   D. 小王买了笔记本和铅笔

2. A. 他买了面包　　　　　B. 他买了一瓶矿泉水
   C. 他买了三瓶矿泉水　　D. 他花了三块八毛钱

第四课　买东西（上）
Lesson 4　Shopping (I)

三、听录音，判断正误

（True or false based on the following statements you listened）

1. 玛丽在大超市里买东西。（　　）
2. 玛丽买了两瓶可乐，没买酸奶。（　　）
3. 玛丽给了售货员三十元。（　　）
4. 售货员找了玛丽两元钱。（　　）

四、再听一遍第三题的录音，根据录音说一段话，要求用上"买""一共""给""找"

（Listen to the recording of the exercise 3 again and make a short speech by using "买""一共""给"and"找"）

课文（二） Text 2

售货员：你想买点儿什么？
马　克：随便看看。这绿苹果怎么卖？
售货员：五块钱一斤。这种苹果特别好吃，买点儿吧！
马　克：那种红的呢？
售货员：红的五块钱两斤。这苹果特别甜，买的人可多啦！
马　克：可以挑吗？
售货员：我给你拿吧，坏的不给你。来多少？

甜的，你尝尝就知道了，不甜不要钱。

这苹果真是甜的吗？

马　克：好吧，各来十块钱的。可以用手机付款吗？
售货员：可以，请在那边扫二维码。
马　克：付完了，您看一下。
售货员：收到了，谢谢。给你苹果，请拿好。吃着好下次再来。
马　克：这苹果真是甜的吗？
售货员：甜的，你尝尝就知道了，不甜不要钱。
马　克：好吧，再见。
售货员：再见。

生词 New words

1. 随便　　　　suíbiàn　　　　casual
2. 苹果　　　　píngguǒ　　　　apple
3. 斤　　　　　jīn　　　　　　*a measure word*
4. 特别　　　　tèbié　　　　　special
5. 甜　　　　　tián　　　　　　sweet
6. 挑　　　　　tiāo　　　　　　to choose
7. 坏　　　　　huài　　　　　　bad
8. 各　　　　　gè　　　　　　　each
9. 付　　　　　fù　　　　　　　to pay
10. 款　　　　　kuǎn　　　　　money; bill
11. 扫　　　　　sǎo　　　　　　to scan
12. 二维码　　　èrwéimǎ　　　　QR Code
13. 下（次）　　xià(cì)　　　　next (time)
14. 尝　　　　　cháng　　　　　to taste

第四课　买东西（上）
Lesson 4　Shopping（Ⅰ）

注释 Notes

一、语言要点　（Grammar points）

1. "点儿"

量词，表示少量。也可以说"一点儿"。如：

买点儿东西　远一点儿　早一点儿来　多吃点儿

"点"有时作动词，是"数"的意思，即一个一个地查对，不能儿化。如：

点一下人数　点一下钱

2. "随便"

意思是怎么方便就怎么做，怎么都可以。如：

(1) 随便吃　随便拿　随便坐　随便写　随便走一走　随便看看
(2) 随你的便，什么时候都可以。
(3) 随你便，给多少我都没意见。
(4) 随他的便吧，怎么都行。
(5) 太随便了！
(6) 别随便说。
(7) 他很随便地笑了笑。

3. "特别"

表示程度非常高，类似"非常"。如：

特别贵　　特别漂亮　　特别便宜　　特别好　　特别差
特别想家　特别伤心　　特别清楚　　特别高兴

4. "红的"

"的"字短语，可以代替名词。如：

绿的　蓝的　大的　小的　买的　卖的　吃的　穿的　开车的
卖菜的　教书的　买东西的　现代的　古代的　中国的　外国的

79

5. "可多啦"

"可……啦(了)"表示强调或程度,一般用于感叹句。如:

可美啦! 可高啦! 可便宜啦! 可伤心啦!

可不高兴啦! 可清楚啦! 可想妈妈啦!

6. "给你拿"

"给",引进对象,相当于"为""替"。如:

(1)给我找钱。

(2)给妈妈买衣服。

(3)给老师送作业。

(4)给妹妹借一本书。

(5)给女朋友挑一枝玫瑰花。

7. "不甜不要钱"

"不 A 不 B",意思是"如果不 A 就不 B"。A 和 B 意思相关,表示肯定或必须 A 的意思。如:

(1)不便宜不买。

(2)不好吃不要。

(3)不做完作业不睡觉。

(4)不交钱不给东西。

(5)不买票不能看电影。

二、相似说法　(The similar expressions)

1. 你想买点儿什么?

(1)你想买什么?

(2)想看看什么?

(3)想要点儿什么?

(4)想来点儿什么?

第四课　买东西（上）
Lesson 4　Shopping (Ⅰ)

2. 可以挑吗?
   (1) 可不可以挑?
   (2) 可以挑不可以挑?
   (3) 挑一挑可不可以?
   (4) 挑挑可以吗?

3. 我给你拿吧。
   (1) 我给你选吧。
   (2) 我替你捡吧。
   (3) 我帮你拿吧。

4. 来十块钱的。
   (1) 要十块钱的。
   (2) 称十块钱的。
   (3) 买十块钱的。

口语练习 Speaking exercises

一、用正确的语调朗读下面的句子
   (Read the following sentences in correct intonation loudly)

   1. 你想买点儿什么?
   2. 这绿苹果怎么卖?
   3. 这种苹果特别好吃。
   4. 买的人可多啦!
   5. 来多少?
   6. 可以用手机付款吗?

二、替换练习 （Substitution drills）

1. 这苹果怎么卖？

| 桃子 |
| 香蕉 |
| 矿泉水 |
| 面包 |

2. 可以挑吗？

| 试 |
| 尝 |
| 摸 |
| 看 |

三、回答问题 （Answer the following questions）

1. 买水果时，你想尝一尝，然后决定买不买，怎么说？
2. 苹果两块五一斤，你买多少钱的？
3. 售货员要你买他的东西，你不想买，你怎么说？
4. 买东西没零钱，怎么办？

四、用所给的词语完成对话

（Complete the following dialogues with the given words）

男：_____？（有没有）

女：有，三块五一斤。_____？（几）

男：_____？（可以）

女：可以尝。不甜不要钱。

男：_____。（来）

女：您_____。（付款）

男：好的，我扫一下二维码。

五、把下面的词语整理成句子 （Make up sentences with the following words）

1. 怎么　牛奶　卖

　_____

2. 便宜　可以　吗　点儿

　_____

第四课　买东西（上）
Lesson 4　Shopping (I)

3. 苹果 好吃 可 了 这

   _____

4. 挑 可以 一 吗 挑

   _____

六、讨论　（Discussion）

1. 你们国家都有什么水果？都是怎么卖的？跟中国有什么不同？

2. 在你们国家买东西可以用微信付款吗？还可以怎么付款？

听力练习 Listening exercises

一、听录音,选择正确答案　（Listen and choose the right answers）

1. 这种橘子怎么样？
   A. 不好吃　　　B. 很好吃　　　C. 别吃　　　D. 还可以

2. 她买什么水果？
   A. 荔枝　　　B. 香蕉　　　C. 梨　　　D. 香蕉和荔枝

3. 他想看多大的鞋？
   A. 39号的　　　B. 26号的　　　C. 36号的　　　D. 29号的

4. 她在买什么？
   A. 衣服　　　B. 鞋　　　C. 帽子　　　D. 水果

二、听录音,回答问题 (Listen and answer the following questions)

1. 问1：他想买什么笔？
   问2：铅笔多少钱一支？
2. 这是什么商店？在哪儿买鞋？
3. 问1：这是鲜奶还是酸奶？
   问2：女的说好不好喝？

三、听录音,回答问题 (Listen and answer the following questions)

1. 爱迪哪天休息？
2. 他想去哪儿？
3. 这里有没有蔬菜？
4. 这里的水果怎么样？
5. 他喜欢吃什么水果？
6. 他买苹果以前可不可以尝？
7. 售货员让不让他自己挑？
8. 他买了几斤苹果？
9. 他买的苹果便宜不便宜？
10. 他买了什么苹果？

四、听录音,选择意思相近的说法 (Listen and choose the right sentences)

1. A. 玛丽很喜欢自己买的面包　　B. 玛丽买了甜巧克力面包
   C. 玛丽不喜欢巧克力面包　　　D. 玛丽买了巧克力和面包

2. A. 小金买了二斤橘子
   B. 小金买了二斤橘子和二斤香蕉
   C. 小金买了两个香蕉
   D. 小金买了二斤香蕉

第四课　买东西（上）
Lesson 4　Shopping（Ⅰ）

五、听录音，判断正误

(True or false based on the following statements you listened)

1. 女的买了橘子。（　　）
2. 这种水果不论个买。（　　）
3. 她买了半斤水果。（　　）
4. 她用手机付款。（　　）

六、再听一遍第五题的录音，复述内容，要求用上"什么""可……了""多少""可以""付款"

(Listen to the recording of the exercise 5 again and retell it with"什么""可……了""多少""可以"and"付款")

课文（三）
Text 3

智　子：请拿那双高跟儿的黑皮鞋给我看看。
售货员：你看，这鞋样子多漂亮啊！穿上试试吧。你穿多大号的？
智　子：39号的。
售货员：对不起，没有39的了。38号的可以吗？这鞋号大。
智　子：拿来试试吧。（边穿边问）这鞋多少钱？
售货员：三百八十八。
智　子：太贵了，这鞋的质量不怎么样。
售货员：你要是真想买，可以便宜点儿。
智　子：有别的颜色的吗？

售货员：还有白的和棕色的。你要什么颜色的？

智　子：其他颜色的有39的吗？

售货员：真不巧，刚刚卖完。38的不行吗？

智　子：稍稍小了一点儿，还可以。便宜点儿吧，最低多少钱？

售货员：你就给三百六吧。

智　子：三百二。

售货员：你再给加点儿吧。

智　子：你不卖我就走了！

售货员：好好，三百二拿去吧！

生词 New words

1. 高跟儿　　　gāogēnr　　　high-heeled
2. 样子　　　　yàngzi　　　　shape
3. 号　　　　　hào　　　　　size
4. 贵　　　　　guì　　　　　expensive
5. 质量　　　　zhìliàng　　　quality
6. 不怎么样　　bù zěnmeyàng　not very nice
7. 便宜　　　　piányi　　　　cheap
8. 别的　　　　biéde　　　　other
9. 颜色　　　　yánsè　　　　color

第四课　买东西（上）
Lesson 4　Shopping (I)

10. 棕色	zōngsè	brown
11. 巧	qiǎo	as luck would have it
12. 刚刚	gānggāng	just
13. 稍稍	shāoshāo	a little
14. 加	jiā	to add

注释 Notes

一、语言要点 (Grammar points)

1. "多漂亮啊"

"多……啊"，表示感叹。如：

(1) 这里的景色多美啊！

(2) 他的表演多棒啊！

(3) 早晨的空气多新鲜啊！

(4) 他讲的故事多有意思啊！

(5) 骑自行车多累啊！

2. "稍稍小了一点儿"

"稍稍"常与"一点儿""点儿"搭配，构成"稍稍＋形容词＋（一）点儿"，表示程度不深。如：

(1) 这件衣服稍稍大一点儿。

(2) 你稍稍比我高一点儿。

(3) 北京的东西稍稍比广州便宜一点儿。

(4) 今天比昨天稍稍热一点儿。

3."还可以"

意思是还好,不坏,马马虎虎过得去。如:
(1)甲:你身体最近怎么样?
乙:还可以,只是这几天有点儿感冒。
(2)甲:你这次考试考得还好吧?
乙:还可以,及格了。
(3)甲:昨晚的电影怎么样?
乙:还可以,不太好也不太坏。
(4)甲:我做的菜怎么样?
乙:不如我做的,但还可以。

二、相似说法　(The similar expressions)

1.请拿那双高跟儿的黑皮鞋给我看看。
(1)请把那双高跟儿的黑皮鞋拿给我看看。
(2)把那双高跟儿的黑皮鞋给我看看可以吗?
(3)能不能拿那双高跟儿的黑皮鞋给我看看?

2.你要是真想买,……
(1)你如果真要买的话,……
(2)你要真想买的话,……
(3)要是你真想买,……
(4)如果你真想买,……

3.有别的颜色的吗?
(1)有没有别的颜色的?
(2)有别的颜色的没有?
(3)别的颜色的有没有?
(4)别的颜色的有吗?

第四课　买东西（上）
Lesson 4　Shopping (I)

4. 你不卖我就走了！

(1) 你不卖的话，我就走了。

(2) 如果你不卖，我就走了。

(3) 你要不卖，我就走了。

(4) 你要是不卖，我就走了。

5. 三百二拿去吧。

(1) 你给三百二，拿去吧。

(2) 三百二，卖给你吧。

(3) 三百二，你拿走吧。

(4) 三百二就三百二，卖给你吧。

口语练习 Speaking exercises

一、用正确的语调朗读下面的句子

(Read the following sentences in correct intonation loudly)

1. 你看，这鞋样子多漂亮啊！

2. 你要是真想买，可以便宜点儿。

3. 你就给三百六吧。

4. 你不卖我就走了！

二、替换练习　（Substitution drills）

　　1. 请拿那双 鞋给我看看。　　　2. 这鞋多漂亮啊！

本	书
副	眼镜
个	皮包
个	手机

山	高
天	热
风景	美

三、回答问题　（Answer the following questions）

　　1. 你穿多大号的鞋？你们国家的鞋号跟中国的号码一样吗？

　　2. 你昨天买的鞋，穿着不合适，怎么办？

　　3. 在哪里买东西可以砍价？

　　4. 在你们国家买东西和在中国买东西有什么不同？

四、用所给的词语完成对话

　　（Complete the following dialogues with the given words）

　1. 男：买一顶帽子吧，_____！（多……啊）

　　　女：_____？（号）

　　　男：有，_____。（试一试）

　　　女：_____。（稍稍……一点儿）

　　　男：再试一试这顶，_____。（合适）

　　　女：_____。（要）

　2. 女：这白袜子_____？（怎么）

　　　男：六块五一双。

　　　女：_____，可以吗？（便宜）

　　　男：你买两双给十二块吧。

第四课　买东西（上）
Lesson 4　Shopping (I)

3. 男：这大橘子多少钱一斤？
   女：十块钱三斤。
   男：_____？（别的）
   女：小的四块五一斤。这种橘子_____。（可……了）
   男：_____。（贵）
   女：那你就买大的吧，大的也_____。（挺……的）

五、把下面的词语整理成句子　(Make up sentences with the following words)

1. 贵　太　了
   _____

2. 穿　鞋　多　号　大　你　的
   _____

3. 你　什么　要　的　颜色　鞋
   _____

4. 那　双　黑皮鞋　拿　给　我　看看
   _____

六、讨论　(Discussion)

1. 你买东西讲过价吗？怎么讲的？
2. 说一说你在中国买东西的经历。

听力练习 Listening exercises

一、听录音，选择正确答案　(Listen and choose the right answers)

1. 说话人想买什么饮料？
   A. 矿泉水　　B. 可乐　　　C. 酸奶　　　D. 牛奶

2. 这双鞋合适吗?
   A. 合适　　　B. 有点儿大　　　C. 有点儿小　　　D. 很小

3. 说话人买什么?
   A. 不买东西　B. 买一点儿东西　C. 买很多东西　D. 买水果

4. 有白色的鞋吗?
   A. 有很多　　B. 有一双　　　　C. 没有了　　　　D. 有

二、听录音,回答问题　(Listen and answer the following questions)
1. 他们在做什么? 男的买的荔枝多少钱一斤?
2. 男的想干什么? 女的同意了吗?
3. 男的在卖什么? 女的买了吗? 为什么?

三、听录音,回答问题　(Listen and answer the following questions)
1. 她今年多大年纪?
2. 她退休很长时间了吗?
3. 她每天做什么?
4. 菜市场离她家远不远?
5. 你能说说她都买了什么菜吗?
6. 她买没买土豆?
7. 茄子多少钱一斤? 四根胡萝卜多少钱?
8. 她一共花了多少钱?

四、听录音,选择意思相近的说法　(Listen and choose the right sentences)
1. A. 麦克花了二十块钱
   B. 五斤香蕉是十七块五
   C. 麦克找给售货员两块五
   D. 一斤香蕉五块钱

第四课　买东西（上）
Lesson 4　Shopping (I)

2. A. 我买的鞋很漂亮
   B. 我买的鞋颜色不太好
   C. 我买的鞋怎么样
   D. 我买的鞋质量不好

3. A. 如果你要买,我可以少要一点儿钱
   B. 你不买,我不卖
   C. 不能讲价
   D. 你要买,我就多要点儿钱

五、听录音,判断正误

（True or false based on the following statements you listened）

1. 小伙子买了一双运动鞋。（　　）
2. 他买的鞋是白色的。（　　）
3. 这家鞋店可以讲价。（　　）
4. 他买这双鞋花了六百元钱。（　　）

六、再听一遍第五题的录音,复述内容,要求用上"不是……就是""合适""挺……的""贵""便宜""最后"等词语

（Listen to the recording of the exercise 5 again and retell it with"不是……就是""合适""挺……的""贵""便宜"and"最后"）

补充生词
(Supplementary new words)

1. 面包　　　miànbāo　　　bread
2. 可乐　　　kělè　　　cola
3. 介绍　　　jièshào　　　to introduce
4. 张　　　zhāng　　　*a measure word*
5. 香蕉　　　xiāngjiāo　　　banana
6. 橘子　　　júzi　　　orange
7. 笔记本　　　bǐjìběn　　　notebook
8. 圆珠笔　　　yuánzhūbǐ　　　ball pen
9. 支　　　zhī　　　*a measure word*
10. 铅笔　　　qiānbǐ　　　pencil
11. 运动鞋　　　yùndòngxié　　　sports shoe
12. 酸奶　　　suānnǎi　　　yogurt
13. 售货员　　　shòuhuòyuán　　　shop assistant
14. 桃子　　　táozi　　　peach
15. 荔枝　　　lìzhī　　　litchi
16. 帽子　　　màozi　　　hat
17. 时装　　　shízhuāng　　　fashionable dress
18. 眼镜　　　yǎnjìng　　　glasses
19. 皮包　　　píbāo　　　leather handbag
20. 砍价　　　kǎn jià　　　to bargain
21. 退休　　　tuì xiū　　　to retire
22. 黄瓜　　　huángguā　　　cucumber
23. 茄子　　　qiézi　　　eggplant
24. 菠菜　　　bōcài　　　spinach
25. 胡萝卜　　　húluóbo　　　carrot

第四课　　买东西（上）
Lesson 4　　Shopping (I)

中国文化点滴
(Chinese culture snack)

　　量词丰富是汉语的一个特点。买东西常用的量词一般是个体量词和度量量词。如：买水果、蔬菜时一般说买几斤，买饮料时一般说买几瓶，买鞋、袜子说买几双，衣服说几件，裤子说几条，门票、电影票说几张，书说几本，本子说几个，笔说几支，塑料袋装的牛奶说几袋，包好的饼干说几包，冰激凌说几个，椅子说几把，桌子说几张，等等。在买东西时，要注意正确使用这些量词。

第五课　买东西（下）

Lesson 5　Shopping (Ⅱ)

课文（一）
Text 1

（在　书店）
(Zài shūdiàn)

马　克：　　请问，哪儿 卖 词典？
Mǎkè：　　　Qǐngwèn, nǎr mài cídiǎn?

售货员：　　词典 在 三 楼。
Shòuhuòyuán：　Cídiǎn zài sān lóu.

马　克：　　谢谢！
Mǎkè：　　　Xièxie!

（马 克 在 三 楼 书架 上 找）
(Mǎkè zài sān lóu shūjià shang zhǎo)

售货员：　　先生，你 找 什么 书？
Shòuhuòyuán：　Xiānsheng, nǐ zhǎo shénme shū?

第五课　买东西（下）
Lesson 5　Shopping (II)

马　克：　　我　想　买 汉语 词典。
Mǎkè:　　　Wǒ xiǎng mǎi Hànyǔ cídiǎn.

售货员：　　汉语 词典在 这儿。你看，什么　样　的 都 有。
Shòuhuòyuán: Hànyǔ cídiǎn zài zhèr. Nǐ kàn, shénme yàng de dōu yǒu.

马　克：　　这么　多啊！太 好 了！对了,我 刚　开始　学习
Mǎkè:　　　Zhème duō a! Tài hǎo le! Duìle, wǒ gāng kāishǐ xuéxí

　　　　　　汉语，用　哪 种　词典 比较 好？
　　　　　　Hànyǔ, yòng nǎ zhǒng cídiǎn bǐjiào hǎo?

售货员：　　刚　开始学习汉语，最好 买 这　种，这　种
Shòuhuòyuán: Gāng kāishǐ xuéxí Hànyǔ, zuìhǎo mǎi zhè zhǒng, zhè zhǒng

　　　　　　挺　合适的。
　　　　　　tǐng héshì de.

马　克：　　好，听你的，谢谢！在 哪儿 交　钱？
Mǎkè:　　　Hǎo, tīng nǐ de, xièxie! Zài nǎr jiāo qián?

售货员：　　在 那边 收银台。
Shòuhuòyuán: Zài nàbian shōuyíntái.

马　克：　　刷　卡 行 吗？
Mǎkè:　　　shuā kǎ xíng ma?

售货员：　　行，也 可以 用　支付宝 或　微信。
Shòuhuòyuán: Xíng, yě kěyǐ yòng zhīfùbǎo huò wēixìn.

生词 New words

1. 书店　　　　shūdiàn　　　　bookshop
2. 卖　　　　　mài　　　　　　to sell
3. 词典　　　　cídiǎn　　　　dictionary
4. 楼　　　　　lóu　　　　　　floor
5. 书架　　　　shūjià　　　　bookshelf

6.	找	zhǎo	to look for
7.	先生	xiānsheng	Mr.
8.	书	shū	book
9.	想	xiǎng	to want
10.	汉语	Hànyǔ	Chinese
11.	这儿	zhèr	here
12.	样	yàng	kind
13.	太	tài	very
14.	开始	kāishǐ	to begin
15.	学习	xuéxí	to study
16.	比较	bǐjiào	comparatively; relatively
17.	最好	zuìhǎo	had better
18.	挺	tǐng	very
19.	合适	héshì	right
20.	交	jiāo	to pay
21.	收银台	shōuyíntái	cashier desk
22.	支付宝	zhīfùbǎo	Alipay

注释 Notes

一、语言要点 (Grammar points)

1. "什么样的都有"

"什么……都有",表示在所说范围内无例外。如:

"什么……都有" means "every (kind of)…is available". For example:

(1) 什么颜色的都有。(Shénme yánsè de dōu yǒu. Any color you prefer.)

第五课 买东西（下）
Lesson 5 Shopping (Ⅱ)

(2)什么尺寸的都有。(Shénme chǐcùn de dōu yǒu. Any size you like.)

(3)什么书都有。(Shénme shū dōu yǒu. All kinds of books.)

(4)什么东西都有。(Shénme dōngxi dōu yǒu. You can find everything.)

(5)什么菜都有。(Shénme cài dōu yǒu. Any vegetable you like.)

2."这么多啊！"

"这么……啊"表示感叹。如：

"这么……啊"means "sigh with feeling". For example：

(1)这么贵啊！(Zhème guì a! How expensive this is!)

(2)这么漂亮啊！(Zhème piàoliang a! How beautiful it is!)

(3)汉语这么难啊！(Hànyǔ zhème nán a! How difficult Chinese is!)

(4)你走得这么快啊！(Nǐ zǒu de zhème kuài a! How fast you walk!)

(5)水果这么便宜啊！(Shuǐguǒ zhème piányi a! How cheap the fruit is!)

(6)这么高的山啊！(Zhème gāo de shān a! How high the mountain is!)

(7)这么大的字啊！(Zhème dà de zì a! How big the character is!)

二、相似说法 (The similar expressions)

1.我想买汉语词典。

(1)我要买汉语词典。

(2)我打算买汉语词典。

(3)我买汉语词典。

(4)我想要汉语词典。

(5)我要汉语词典。

2. 最好买这种。
   (1) 还是买这种吧。
   (2) 还是买这种好。
   (3) 买这种比较好。
   (4) 我建议你买这种。
   (5) 我看买这种好。

口语练习 Speaking exercises

一、用正确的语调朗读下面的句子
   (Read the following sentences in correct intonation loudly)
   1. 请问,哪儿卖词典?
   2. 词典在三楼。
   3. 先生,你找什么书?
   4. 你看,什么样的都有。
   5. 刚开始学汉语,最好买这种。
   6. 在那边收银台交钱。

二、回答问题 (Answer the following questions)
   1. 你在中国买过书吗?怎么买的?
   2. 你们国家的书店跟中国的有什么不同?

三、用所给的词语完成对话
   (Complete the following dialogues with the given words)
   1. 女:请问,你买什么书?
      男:_____。(想)

第五课　买东西（下）
Lesson 5　Shopping (Ⅱ)

5

2. 女：刚学汉语的人买什么词典好？
   男：_____。（最好）

3. 女：你要厚词典还是薄词典？
   男：_____。（厚的）

四、把下面的词语整理成句子
 (Make up sentences with the following words)

1. 词典　卖　哪儿　在
   _____

2. 要　你　这种　那种　还是
   _____

3. 多　这么　呀
   _____

4. 我　汉语　学　刚
   _____

五、你有汉语词典吗？在哪儿买的？说一说你买词典的经过
 (Do you have a Chinese dictionary? Where have you bought? Please tell the story of buying it)

听力练习 Listening exercises

一、听录音，选择正确答案　(Listen and choose the right answers)

1. 词典在几楼？
   A. 三楼　　　B. 四楼　　　C. 二楼　　　D. 一楼

101

2. 说话人要什么样的?

    A. 红的　　　　B. 好的　　　　C. 厚的　　　　D. 薄的

3. 说话人要干什么?

    A. 买词典　　　B. 卖词典　　　C. 卖苹果　　　D. 买可乐

4. 这种词典怎么样?

    A. 很好　　　　B. 不好　　　　C. 太厚　　　　D. 不厚

二、听录音,回答问题　(Listen and answer the following questions)

1. 男的要买什么东西?

2. 男的学汉语多长时间了?

三、听录音,判断正误

(True or false based on the following statements you listened)

1. 大卫只想买词典。(　　)

2. 汉语书在四楼。(　　)

3. 厚词典在三楼左边。(　　)

四、听录音,填空　(Listen and fill in the blanks)

1. 小王买了一本＿＿＿＿＿和一本＿＿＿＿＿,一共花了＿＿＿＿＿。

2. 大卫去＿＿＿＿＿买了一本＿＿＿＿＿汉英词典。

五、听录音,回答问题　(Listen and answer the following questions)

1. 玛丽去哪儿买东西?

2. 她想买什么?

3. 她要买的东西在几楼?

4. 书店里词典多吗?

第五课　买东西（下）
Lesson 5　Shopping（Ⅱ）

六、听录音，选择意思相近的说法　（Listen and choose the right sentences）

1. A. 你还是买厚的吧　　　　B. 你买厚的不好
　 C. 你买厚的最好　　　　　D. 厚的是最好的

2. A. 你买大的和小的吗　　　B. 你是不是买大的
　 C. 大的小的你都买吗　　　D. 你买大的呢，还是买小的呢

课文（二）
Text 2

（在超市）

王文：马克，你把包放在购物车里吧。

马克：好的。

（推着购物车走）

马克：听说这里有刚烤好的面包，在哪儿卖？

王文：前边就是，鸡蛋的、奶油的、巧克力的、果酱的，什么样的都有，现烤现卖。我也正要去买，一块儿走吧。

马克：太好了！我第一次来这儿，你能做我的向导吗？

王文：好啊，你想买什么就问我吧，这里我熟。

马克：我还想买点儿鲜肉。

王文：那边有各种各样的肉，有牛肉、鸡肉、猪肉，还有海鲜，什么都有。

马克：那我就买点儿牛肉吧，我最喜欢吃牛肉了。

王文：现在网购也能买到很好的东西，又便宜又好。

马克：是吗？我一会儿回去试试。

（买好了肉）

王文：你看，面包就在那儿。

马克：走，我们去买面包吧。

生词 New words

1.	把	bǎ	used when the object is the receiver of the action of the ensuing verb
2.	包	bāo	bag
3.	购物车	gòuwùchē	shopping vehicle
4.	听说	tīngshuō	hear of
5.	烤	kǎo	to bake
6.	面包	miànbāo	bread
7.	鸡蛋	jīdàn	egg
8.	奶油	nǎiyóu	cream
9.	巧克力	qiǎokèlì	chocolate
10.	果酱	guǒjiàng	fruit sauce
11.	现	xiàn	on hand
12.	向导	xiàngdǎo	guide
13.	熟	shú	familiar
14.	牛肉	niúròu	beef

第五课　买东西（下）
Lesson 5　Shopping (Ⅱ)

15. 鸡肉	jīròu	chicken
16. 猪肉	zhūròu	pork
17. 海鲜	hǎixiān	seafood
18. 网购	wǎnggòu	online shopping

注释 Notes

一、语言要点　（Grammar points）

1. "你把包放在购物车里吧。"

"把"字句句式："把"＋名词性成分＋动词性成分＋其他成分。如：

(1) 请你把门关上。

(2) 他把矿泉水放在桌子上了。

(3) 她把黑色的高跟儿鞋拿来了。

(4) 把那本词典给我看一下。

(5) 请把那种饮料拿来。

2. "现烤现卖"

"现……现……"表示为了某种目的临时采取行动。如：

现吃现做　现用现买　现想现说　现吃现买　现用现学

二、相似说法　（The similar expressions）

我也正要去买。

(1) 我也正好要去买。

(2) 正好我也要去买。

(3) 我也正巧要去买。

(4) 正巧我也要去买。

(5)我刚好也要去买。

(6)刚好我也要去买。

口语练习 Speaking exercises

一、用正确的语调朗读下面的句子

(Read the following sentences in correct intonation loudly)

1. 我也正要去买,一块儿走吧。
2. 你能做我的向导吗?
3. 我最喜欢吃牛肉了。
4. 你看,面包就在那儿。

二、替换练习 **(Substitution drills)**

1. 你把<u>包</u>放在<u>购物车里</u>吧。

书	桌子上
钱	钱包里
苹果	车里
鸡蛋	椅子下

2. 听说这里有<u>刚烤好的面包</u>。

| 饮料大降价 |
| 学汉语的人很多 |
| 附近没有商店 |
| 他要买词典 |

3. 鸡蛋的、奶油的、巧克力的、果酱的,<u>什么样的</u>都有。

红的、绿的、黄的、蓝的	什么颜色的
大的、小的、肥的、瘦的	什么样的
男的、女的、老的、小的	什么人
苹果、香蕉、桃子、橘子	什么水果

第五课　买东西（下）
Lesson 5　Shopping (Ⅱ)

4. 你想买什么就问我吧。

问什么	去
去哪儿	走
吃什么	买
找什么	找

三、回答问题　（Answer the following questions）

1. 你去过中国的超市吗？买了什么东西？

2. 中国的超市跟你们国家的超市一样吗？谈一谈不同的地方。

3. 你网购过东西吗？买了什么？

四、用所给的词语完成对话
（Complete the following dialogues with the given words）

1. 男：可以带饮料进超市吗？
   女：_____。（放）

2. 男：这儿有果酱面包吗？
   女：_____。（什么样的）

3. 男：这面包是什么时候烤的？
   女：_____。（现……现……）

五、把下面的词语整理成句子　（Make up sentences with the following words）

1. 把　车　请　包　里　您　放　在

   _____

2. 正要　我　也　面包　买

   _____

3. 我　来　第一次　这儿

   _____

4. 肉　买　各种各样　可以　这儿　在　的　到
　　_____

六、讨论 (Discussion)
1. 你在中国买东西时,得到过别人的帮助吗?讲一讲经过。
2. 你觉得在商店买东西好还是网购好?

听力练习 Listening exercises

一、听录音,选择正确答案 (Listen and choose the right answers)

1. 说话人想买什么样的面包?
   A. 奶油的　　B. 果酱的　　C. 鸡蛋的　　D. 巧克力的

2. 说话人最喜欢什么?
   A. 牛肉　　　B. 猪肉　　　C. 鸡肉　　　D. 海鲜

3. 说话人买书做什么?
   A. 自己用　　B. 给同屋　　C. 给朋友　　D. 做纪念

4. 说话人想买什么?
   A. 酸奶　　　B. 海鲜　　　C. 奶油　　　D. 鸡蛋

二、听录音,判断正误
(True or false based on the following statements you listened)
1. 在超市买东西可以自己选。(　　)
2. 要先交钱才能选东西。(　　)
3. 超市里的东西很多。(　　)

第五课　买东西（下）
Lesson 5　Shopping (Ⅱ)

4. 老年人不喜欢去超市买东西。（　　）
5. 年轻人更喜欢网购。（　　）

三、听录音，填空　(Listen and fill in the blanks)

（一）

大卫_____去超市，他请一个_____当向导。他买了很多_____，有果酱的、_____、奶油的，还有_____。

（二）

王文_____大卫说："我_____你当向导。这里我很_____，你想买什么_____问我吧。"

四、听录音，回答问题　(Listen and answer the following questions)

1. 玛丽第几次到中国超市买东西？
2. 她进门时推什么了？
3. 她买了什么东西？
4. 她买了几个面包？都是什么样的？
5. 她买了什么饮料？买了多少？
6. 交款的人多不多？她等的时间长不长？

五、听录音，选择意思相近的说法　(Listen and choose the right sentences)

1. A. 请你点一下钱　　　　　B. 请我点一下
   C. 请你一下点钱　　　　　D. 请你给一点儿钱

2. A. 都有什么面包　　　　　B. 有面包什么的
   C. 有各种各样的面包　　　D. 哪儿有面包

3. A. 你看见怎么办了　　　　B. 你认为怎么办好
   C. 你看他们怎么办　　　　D. 你看什么办法

课文（三）
Text 3

李美英：请问，有鸭鸭牌儿羽绒服吗？
售货员：有。请跟我来。这就是鸭鸭牌儿的，这一排全是名牌儿，你摸一摸，这些羽绒服质量多好！
李美英：真的挺好的，又轻又软，不但样式新颖，而且颜色也不错。
售货员：你是给自己买吗？你看，这种咖啡色的多漂亮啊！你穿上肯定好看。
李美英：可以试吗？
售货员：当然可以。你就试试大号的吧。
李美英：我穿这件是不是有点儿肥？
售货员：羽绒服肥大点儿好。我看这件大小肥瘦都挺合适。
李美英：我先去别处看看，回来再买。
售货员：喜欢就买吧，这几天我们店正在打折，一件比别的店省一百来块呢！
李美英：对，在网上买也很便宜。为什么降价呀？

第五课　买东西（下）
Lesson 5　Shopping (Ⅱ)

售货员：这不快换季了吗？
李美英：打几折？
售货员：六五折，就是只卖原价的65%。
李美英：这么便宜啊！好吧，就要这件吧。回去如果发现质量问题，可以换吗？
售货员：没问题，我开个票，你去交款吧。

生词 New words

1. 羽绒服　　　yǔróngfú　　　down jacket
2. 名牌儿　　　míngpáir　　　famous brand
3. 摸　　　　　mō　　　　　　to feel
4. 轻　　　　　qīng　　　　　light
5. 软　　　　　ruǎn　　　　　soft
6. 样式　　　　yàngshì　　　 pattern
7. 新颖　　　　xīnyǐng　　　 novel
8. 肥　　　　　féi　　　　　 loose and large
9. 瘦　　　　　shòu　　　　　tight
10. 别处　　　 biéchù　　　　other place
11. 打折　　　 dǎ zhé　　　　to discount
12. 省　　　　 shěng　　　　 to save
13. 网　　　　 wǎng　　　　　online
14. 降价　　　 jiàng jià　　 to depreciate
15. 换季　　　 huàn jì　　　 change garments proper for the season

注释 Notes

一、语言要点 (Grammar points)

1. "又轻又软"

   "又……又……"表示几种性质或情况同时存在或出现。如:

   (1)她又聪明又漂亮。

   (2)这种鞋又好看又便宜。

   (3)这种词典又便宜又实用。

   (4)他的房间又宽敞又干净。

   (5)昨天晚上又刮风又下雨。

2. "我先去别处看看,回来再买。"

   "先……再……"表示时间顺序。如:

   (1)你先吃饭,一会儿再去。

   (2)我先去上课,下课后再上街。

   (3)我先做作业,做完作业再睡觉。

   (4)我们先工作,一年后再当兵。

3. "(我们店)比别的店省一百来块呢。"

   这是一种比较句。句式为:A+"比"+B+形容词+数量词。如:

   (1)(我)比弟弟大四岁。

   (2)大连比北京暖和五度。

   (3)这件衣服比那件便宜十九块。

   (4)走着比坐车慢二十分钟。

4. 为什么降价?

   "为什么……"用于问原因。如:

   (1)为什么不去?

第五课　买东西（下）
Lesson 5　Shopping (Ⅱ)

　　(2) 为什么学汉语？
　　(3) 为什么不说话？
　　(4) 为什么这么冷？
　　(5) 为什么那么贵？
　　(6) 为什么打折？
　　(7) 为什么不找给我钱？

5. **这不快换季了吗？**
　　这是一种反问句，用否定形式加强肯定的语气。如：
　　(1) 甲：你怎么还不睡觉？
　　　　乙：这不在做作业呢吗？
　　(2) 甲：你买词典吗？
　　　　乙：这不正要去吗？
　　(3) 甲：你为什么拿伞？
　　　　乙：这不要下雨了吗？
　　(4) 甲：我买了五斤橘子。
　　　　乙：这不是橙子吗？

二、相似说法　(The similar expressions)

　1. **我穿这件是不是有点儿肥？**
　　(1) 我穿这件有点儿肥，是不是？
　　(2) 我穿这件有点儿肥，是吧？
　　(3) 我穿这件有点儿肥，对不对？
　　(4) 我穿这件好像有点儿肥，对吧？
　　(5) 我穿这件有点儿肥吧？
　　(6) 我觉得我穿这件有点儿肥，你说呢？
　　(7) 你看我穿这件是不是有点儿肥？

2. 羽绒服肥大点儿好。
   (1)羽绒服应该肥大一点儿。
   (2)羽绒服肥大一点儿好看。
   (3)羽绒服肥大一点儿看起来好看。

3. 喜欢就买吧。
   (1)要是你喜欢的话就买吧。
   (2)如果你喜欢的话就买吧。
   (3)你喜欢的话就买吧。
   (4)你要是喜欢就买吧。

4. 为什么降价?
   (1)什么原因降价?
   (2)怎么降价了?
   (3)降价的原因是什么?

5. 这不快换季了吗?
   (1)这不是快换季了吗?
   (2)快换季了。
   (3)快要换季了。

口语练习 Speaking exercises

一、用正确的语调朗读下面的句子

(Read the following sentences in correct intonation loudly)

1. 请问,有鸭鸭牌儿羽绒服吗?
2. 真的挺好的,又轻又软。

第五课　买东西（下）
Lesson 5　Shopping (Ⅱ)

3. 这种咖啡色的多漂亮啊！

4. 我穿这件是不是有点儿肥？

5. 我看这件大小肥瘦都挺合适。

6. 一件比别的店省一百来块呢！

二、替换练习　(Substitution drills)

1. 这羽绒服<u>质量</u>多<u>好</u>！

样子	漂亮
价钱	便宜
颜色	流行

2. 这羽绒服又<u>轻</u>又<u>软</u>。

皮鞋	好看	便宜
词典	便宜	实用
苹果	甜	大

3. 我穿这件是不是有点儿<u>肥</u>？

| 大 |
| 小 |
| 瘦 |
| 长 |

4. 我先去别处<u>看看</u>，回来再<u>买</u>。

买饮料	吃饭
看朋友	去商店
上课	做作业
看电影	买菜

三、回答问题　(Answer the following questions)

1. 你在中国服装店买过衣服吗？跟在你们国家有什么不同？

2. 你们国家买东西有几种地方？

四、用所给的词语完成对话

(Complete the following dialogues with the given words)

1. 甲：我穿咖啡色的好看吗？

　　乙：_____。（肯定）

2. 甲：你给谁买衣服？

　　乙：_____。（给）

3. 甲：在这儿买的衣服可以换吗？
   乙：_____。（当然）

五、把下面的词语整理成句子
   (Make up sentences with the following words)

   1. 衣服 这 好 多 质量
   _____

   2. 我们 打折 这几天 商店
   _____

   3. 别处 我 看看 到
   _____

   4. 这儿 省钱 别处 比
   _____

六、讨论 (Discussion)
   中国售货员的服务态度怎么样？你相信他们吗？

听力练习 Listening exercises

一、听录音，选择正确答案 (Listen and choose the right answers)

1. 什么颜色的漂亮？
   A. 蓝的   B. 绿的   C. 咖啡色的   D. 红的

2. 可以试吗？
   A. 可以   B. 不可以   C. 当然不可以   D. 不知道

3. 他穿这件合适吗？
   A. 合适   B. 很合适   C. 不太合适   D. 很不合适

第五课　买东西（下）
Lesson 5　Shopping (Ⅱ)

4. 他们店的东西怎么了？
　　A. 降价了　　　B. 涨价了　　　C. 比以前贵了　　　D. 卖光了

二、听录音,判断正误
　　(True or false based on the following statements you listened)
　　1. 商店的衣服现在降价了。(　　　)
　　2. 现在快要到冬天了。(　　　)
　　3. 有的衣服比降价前便宜了一半。(　　　)
　　4. 这里的衣服只有三种颜色。(　　　)
　　5. 这里的衣服买回去以后不合适不能换。(　　　)
　　6. 商店里的人可多了。(　　　)

三、听录音,填空　（Listen and fill in the blanks）

（一）
　　我看_____说这几天商店_____大降价。我想买一_____蓝色的_____,当然要又_____又_____的。

（二）
　　_____我在这儿买的大衣_____有点儿_____,请你给我_____一件_____一点儿的。

四、听录音,回答问题　（Listen and answer the following questions）
　　1. 玛丽去买什么？
　　2. 服装店外边的广告上写着什么？
　　3. 她试穿的衣服是什么颜色的？
　　4. 她认为这件衣服合适吗？
　　5. 玛丽想马上就买这件衣服吗？
　　6. 这个服装店的衣服打几折？

117

五、听录音,选择意思相近的说法 (Listen and choose the right sentences)

1. A. 这便宜吗　　　　　　　　B. 这不便宜
   C. 这挺便宜的　　　　　　　D. 这太贵了

2. A. 要是你喜欢,你就买吧　　　B. 买了就喜欢了
   C. 喜欢,但是不买　　　　　　D. 不喜欢也买

3. A. 这衣服很长　　　　　　　B. 这衣服有点儿短
   C. 这衣服不是有点儿长　　　D. 这衣服有点儿长,是不是

补充生词
(Supplementary new words)

1.	厚	hòu	thick
2.	薄	báo	thin
3.	流行	liúxíng	popular
4.	涨价	zhǎng jià	rise in price
5.	冬天	dōngtiān	winter

第五课　买东西（下）
Lesson 5　Shopping (Ⅱ)

中国文化点滴
（Chinese culture snack）

　　中国购物的地方大致可以分为三类。一类是大商场。那里的东西质量比较可靠，但价格比较贵。卖的东西上有价格标签，但有些也可以讨价还价。第二类是超市。那儿的商品可以自己从货架上拿，可以挑选，货物上有价格标签，选好后在出口处交钱，不能讲价。第三类是深受年轻人欢迎的网购，不用出家门，在电脑上、手机上就把想要的东西买好了，又方便又便宜。

第六课 时 间

Lesson 6 Time

扫码听录音

课文 (一)
Text 1

李美英： 现在 几点 了？
Lǐ Měiyīng: Xiànzài jǐ diǎn le?

智 子： 七点 四十 了。走吧，该 去 上 课 了。
Zhìzǐ: Qī diǎn sìshí le. Zǒu ba, gāi qù shàng kè le.

李美英： 好。下午 你 有 空儿 吗？
Lǐ Měiyīng: Hǎo. Xiàwǔ nǐ yǒu kòngr ma?

智 子： 今天 几号？星期 几？
Zhìzǐ: Jīntiān jǐ hào? Xīngqī jǐ?

李美英： 15 号，6月 15 号，星期一。
Lǐ Měiyīng: Shíwǔ hào, liùyuè shíwǔ hào, xīngqīyī.

第六课 时间
Lesson 6 Time

智　子：　下午 我 没 空儿，有 什么 事儿 吗？
Zhìzǐ：　　Xiàwǔ wǒ méi kòngr, yǒu shénme shìr ma?

李美英：　我 想 去 王 老师 家，想 请 你 和 我 一起 去。
Lǐ Měiyīng：Wǒ xiǎng qù Wáng lǎoshī jiā, xiǎng qǐng nǐ hé wǒ yìqǐ qù.

智　子：　那 明天 下午 吧。
Zhìzǐ：　　Nà míngtiān xiàwǔ ba.

生词 New words

1. 现在　　　　xiànzài　　　　now
2. 点　　　　　diǎn　　　　　o'clock
3. 七　　　　　qī　　　　　　seven
4. 四十　　　　sìshí　　　　　forty
5. 该……了　　gāi……le　　　It's time for…
6. 上课　　　　shàng kè　　　have class
7. 下午　　　　xiàwǔ　　　　afternoon
8. 有空儿　　　yǒu kòngr　　　have time; be free
9. 今天　　　　jīntiān　　　　today
10. 号　　　　　hào　　　　　date
11. 星期　　　　xīngqī　　　　week
12. 月　　　　　yuè　　　　　month
13. 星期一　　　xīngqīyī　　　Monday
14. 事儿　　　　shìr　　　　　thing
15. 和……一起　hé……yìqǐ　　with…
16. 明天　　　　míngtiān　　　tomorrow

121

注释 Notes

一、语言要点 (Grammar points)

1. "七点四十了。"

    时间表示法。如：

    Expression of time. For example：

    7：00　七点（qī diǎn　seven o'clock）

    7：10　七点十分（qī diǎn shí fēn　ten past seven）

    7：15　七点十五分（qī diǎn shíwǔ fēn）

    　　　七点一刻（qī diǎn yī kè　seven fifteen）

    7：30　七点三十分（qī diǎn sānshí fēn）

    　　　七点半（qī diǎn bàn　seven thirty）

    7：45　七点四十五分（qī diǎn sìshíwǔ fēn）

    　　　七点三刻（qī diǎn sān kè）

    　　　差一刻八点（chà yī kè bā diǎn　seven forty-five）

    7：50　七点五十分（qī diǎn wǔshí fēn）

    　　　差十分八点（chà shí fēn bā diǎn　seven fifty）

2. "该去上课了。"

    "该……了"表示"应该"。如：

    "该……了" means "should" "it's time for…". For example：

    (1) 放假了，咱们该休息休息了。（Fàng jià le, zánmen gāi xiūxi xiūxi le.　It is time for holidays, we can have a rest.）

    (2) 八点了，该上课了。（Bā diǎn le, gāi shàng kè le.　It's eight o'clock. It's time for class.）

    (3) 时间不早了，我该回去了。（Shíjiān bù zǎo le, wǒ gāi huíqu le.　It is late. I should go back.）

第六课　时　间
Lesson 6　Time

(4)今年你女儿该上学了吧？(Jīnnián nǐ nǚ'ér gāi shàng xué le ba?
   Is it time for your daughter go to school?)

(5)下站该是动物园了吧？(Xià zhàn gāi shì dòngwùyuán le ba?
   Is the zoo next stop?)

3. "6月15号,星期一"

汉语时间的表示是从大到小。如：

In Chinese, the order of time is from big to small. For example：

6月15日(liùyuè shíwǔ rì　June 15)

2021年6月17日(èrlíng'èryī nián liùyuè shíqī rì　June 17,2021)

2021年6月17日星期四下午(èrlíng'èryī nián liùyuè shíqī rì xīngqīsì xiàwǔ　on Thursday afternoon, June 17, 2021)

2021年6月17日星期四下午四点一刻(èrlíng'èryī nián liùyuè shíqī rì xīngqīsì xiàwǔ sì diǎn yī kè　at a quarte past four on Thursday afternoon, June 17, 2021)

4. "那明天下午吧。"

"那"用于接上文的前提或假设,引出下文的判断或结果。如：

"那" introduces the speaker's decision or result upon the preceding situation or condition. For example：

(1)你不去了,那我也不去了。(Nǐ bú qù le, nà wǒ yě bú qù le.　If you don't go, I won't either.)

(2)这件衣服好看,那我就买这件。(Zhè jiàn yīfu hǎokàn, nà wǒ jiù mǎi zhè jiàn.　If this clothes is beautiful, I will buy it.)

(3)明天下雨,那我们就后天去吧。(Míngtiān xià yǔ, nà wǒmen jiù hòutiān qù ba.　If it rains tomorrow, we will go there the day after tomorrow.)

(4)你喜欢吃苹果,那我就买苹果。(Nǐ xǐhuan chī píngguǒ, nà wǒ jiù mǎi píngguǒ.　You like the apple, I will buy some.)

二、相似说法 (The similar expressions)

1. 现在几点了?
   (1)现在几点钟?
   (2)几点了?

2. 该去上课了。
   (1)得去上课了。
   (2)要去上课了。

3. 下午你有空儿吗?
   (1)下午你有没有空儿?
   (2)下午你有空儿没有?
   (3)下午你有时间吗?

4. 今天6月15号
   今天6月15日

5. 星期一
   (1)礼拜一
   (2)周一

口语练习 Speaking exercises

一、用正确的语调朗读下面的句子
   (Read the following sentences in correct intonation loudly)

1. 现在几点了?
2. 现在七点四十了。
3. 下午你有空儿吗?

第六课　　时　间
Lesson 6　　Time

4.今天6月15号,星期一。

5.我想请你和我一起去。

二、替换练习　（Substitution drills）

1.现在七点四十了。

| 十二点半 |
| 差一刻八点 |
| 九点三刻 |
| 七点一刻 |

2.今天下午你有空儿吗?

明天下午	时间
后天中午	事儿
大后天	时间
明天下午五点	空儿

3.今天六月十五号,星期一。

一月八日	三
十二月二十五号	日
三月八日	四
五月一号	五

三、说出下面的时间　（Express the following time）

1.现在几点了？（What time is it now?）

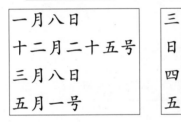

2.用"差"说出下面的时间(Tell the following time using "差")

　　5:55　　3:45　　11:40　　1:50　　9:43

3.读下面的词组(Read the following phrases)

　　(1)10月1日　　12月25日　　2月12日

　　(2)1905年　　1988年　　2000年　　2008年　　2025年

(3) 星期日上午八点　　星期三中午十二点二十

　　2022年2月22日星期二

四、完成对话　（Complete the following dialogues）

　　1. 男：_____?

　　　女：十一点。该睡觉了。

　　2. 男：星期二下午你有空儿吗？

　　　女：_____。你有什么事儿吗？

　　　男：我想_____。

　　3. 男：今天几月几号？星期几？

　　　女：_____。

　　4. 男：现在几点了？

　　　女：差十分八点，该_____了。

五、回答问题　（Answer the following questions）

　　1. 你每天几点起床？几点睡觉？周末呢？

　　2. 下课以后你做什么？几点去？几点回来？

　　3. 你的短期学习从什么时候开始？什么时候结束？

六、看图说话　（Tell a story based on the following pictures）

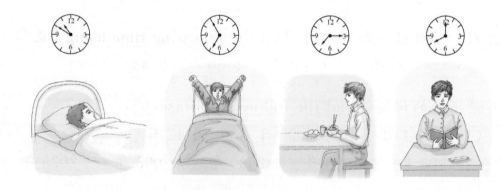

第六课　时　间
Lesson 6　Time

听力练习 Listening exercises

一、听录音,回答问题 (Listen and answer the following questions)

1. 大卫几点上课? 现在几点了?
2. 大卫下午有课吗?
3. 大卫今天下午要干什么?
4. 几点考试?

二、听录音,选择正确答案 (Listen and choose the right answers)

1. 说话人每天几点睡觉?
    A. 十二点以前　　　B. 十二点以后　　　C. 十二点

2. 妈妈什么时候过生日?
    A. 五月十二日　　　B. 四月二十二日　　C. 五月二十二日

3. 说话人哪年大学毕业?
    A. 1988 年　　　　B. 1997 年　　　　C. 1987 年

4. 说话人几点等人?
    A. 六点四十五　　　B. 六点三分　　　　C. 六点三十

三、听录音,判断正误

(True or false based on the following statements you listened)

1. 电影七点开始。(　　)
2. 现在差十分七点了。(　　)
3. 还有三十五分钟电影就开始了。(　　)
4. 坐车去要三十五分钟。(　　)

四、听录音,填空 (Listen and fill in the blanks)

1. 今天_____月_____号。

2. 今天是_____。

3. _____女的有空儿。

4. 他们四点去_____。

五、听录音,完成对话 (Listen and complete the dialogue)

男:你们学校什么时候开学?

女:_____。

男:今天几号?

女:_____。

男:一个学期有多长?

女:_____。

男:什么时候放寒假?

女:_____。

六、听录音,整理句子 (Listen and put the following sentences in order)

① 这星期日他就回国了

② 早上六点五十起床

③ 每星期五下午他去商店

④ 山姆来中国一个月了

⑤ 他每天晚上十二点睡觉

_____

第六课　时间
Lesson 6　Time

课文（二）
Text 2

王文：今天上课你怎么迟到了？
彼得：唉,别提了。每天早上我的闹钟都是六点半响,可今天没响。
王文：电池没电了吧？
彼得：可能。大卫七点五十敲我门的时候,闹钟刚五点半。
王文：下午我去商店,咱们一起去吧。
彼得：好,我正好去买两节电池。对了,今天是不是星期四？
王文：对,是星期四。
彼得：哎呀,那我两点到三点半没空儿,有辅导,三点半以后没什么事儿。

王文：行，我等你。辅导完以后你先休息休息。四点我在宿舍楼门口等你。

彼得：没问题，不见不散。

生词 New words

1. 唉　　　　　　ài　　　　　　　　*a sigh of sadness or regret*
2. 闹钟　　　　　nàozhōng　　　　　alarm clock
3. 响　　　　　　xiǎng　　　　　　　to ring
4. 电池　　　　　diànchí　　　　　　battery
5. 电　　　　　　diàn　　　　　　　 electricity
6. 节　　　　　　jié　　　　　　　　*a measure word*
7. 辅导　　　　　fǔdǎo　　　　　　　tutor
8. 不见不散　　　bújiàn-búsàn　　　be sure to wait

注释 Notes

一、语言要点 （Grammar points）

1. "怎么"

意思与"为什么"相同。如：

(1) 他今天怎么没来上课？

(2) 我们都去，你怎么不去？

(3) 昨天吃了面条儿，今天怎么又吃面条儿？

(4) 这本书怎么这么贵？

第六课　时间　　Lesson 6　Time

2. "唉"

常用在句首,表示伤心、惋惜或为难。如:

(1)唉,又下雨了。

(2)唉,别提了,他又病了。

(3)唉,我的钱包丢了。

(4)唉,这个问题我真不知道该怎么办。

3. "别……"

"别"意思与"不要"相同。如:

(1)别买了,拿不了了。

(2)别学了,休息休息吧。

(3)别看电视了,该洗澡了。

(4)别吃了,该走了。

4. "咱们""我们"

"咱们"包括自己和对方,而且多用于口语。"我们"可以包括对方,也可以不包括对方。如:

(1)下午咱们一起去商店吧。

(2)咱们住在一座楼里。

(3)这就是我们的教室。

(4)下午我们去商店,你去看电影。

5. "对了"

用在句首,表示提醒,可以对别人,也可以对自己。如:

(1)对了,周三有舞会,你别忘了。

(2)对了,我的书还在你那儿呢。

(3)对了,去商店别忘了买苹果。

(4)对了,已经五点了,我该走了。

6."没问题"

意思与"行""可以"相同。如：

(1)男:吃完饭咱们一起去教室。

女:没问题。

(2)男:去北京帮我买本书。

女:没问题。

(3)男:我晚上六点五十在门口等你。

女:没问题。

(4)男:这个问题我不懂,你给我讲讲吧。

女:没问题。

二、相似说法　(The similar expressions)

1.今天上课你怎么迟到了?

(1)今天你上课怎么迟到了?

(2)你今天上课怎么迟到了?

2.电池没电了吧?

(1)电池的电用完了吧?

(2)该换电池了吧?

3.咱们一起去吧。

咱们一块儿去吧。

4.行,我等你。

(1)好,我等你。

(2)成,我等你。

(3)没问题,我等你。

第六课 时 间
Lesson 6   Time

口语练习 Speaking exercises

一、用正确的语调朗读下面的句子
   (Read the following sentences in correct intonation loudly)

   1. 今天上课你怎么迟到了?
   2. 今天是不是星期四?
   3. 四点我在宿舍楼门口等你。
   4. 没问题,不见不散。

二、替换练习 (Substitution drills)

1. 他坐了<u>半个小时</u>车。

四十分钟
一个半小时
一星期
两天半

2. 我要在这儿学习<u>一个月</u>。

一天半
一年半
半年
两个半月

3. 他今天怎么没<u>上课</u>?

来
去吃饭
去商店
去北京

4. 别提了,今天我的闹钟没<u>响</u>。

说	快吃饭吧
看	十二点了,该睡觉了
睡	要迟到了
玩儿	明天上午有口语考试

三、说出下面的时间(Express the following time)

1. 现在几点了？

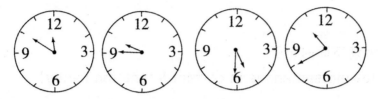

2. 用"差"说出下面的时间
   5:55   12:48   11:40   2:59   9:43   7:58

3. 读下面的词组
   (1) 2月12日 9月10日 6月25日 3月5日
   (2) 1942年 1980年 2000年 2010年 2025年
   (3) 星期一上午八点   星期四早上九点零五
       星期四傍晚六点一刻   星期四晚上差十分九点
   (4) 1999年6月11日
       2022年10月1日星期六
       12月5日星期一下午三点十五分

四、完成对话 (Complete the following dialogues)

1. 男：你什么时候毕业？
   女：_____。

2. 男：你今天怎么迟到了？几点起来的？
   女：_____。

3. 男：_____？
   女：我一般十一点睡觉。

4. 男：_____？
   女：明天晚上六点半。

第六课　时间
Lesson 6　Time

五、回答问题　（Answer the following questions）

1. 你每天几点起床？几点睡觉？周末呢？
2. 你现在一星期几节课？一节课多长时间？
3. 现在中国时间几点？你们国家几点？中国时间和你们国家差几个小时？
4. 你家里人的生日你都记住了吗？请说一说。

六、看图说话　（Tell a story based on the following pictures）

七、复述所学的课文　（Retell the text）

听力练习 Listening exercises

一、听录音，回答问题 (Listen and answer the following questions)

1. 小王为什么上课来晚了？
2. 她几点起床的？
3. 小王平常几点睡觉？昨晚几点睡觉的？
4. 她昨天为什么睡觉晚了？
5. 小王和朋友常常见面吗？

二、听录音，选择正确答案 (Listen and choose the right answers)

1. 说话人什么时候大学毕业的？

   A. 前年9月　　　　B. 前年7月　　　　C. 去年7月

2. 说话人什么时候去看电影？

   A. 星期一晚上　　　B. 星期二下午　　　C. 星期二晚上

3. 今天几月几号？星期几？

   A. 十二月五号，星期三
   B. 十二月七号，星期四
   C. 十二月六号，星期三

4. 说话人几点来的？

   A. 7:30　　　　　　B. 6:30　　　　　　C. 7:50

三、听录音，判断正误

(True or false based on the following statements you listened)

1. 现在刚十一点二十分，食堂还没开门呢。（　　）

第六课　时间
Lesson 6　Time

2. 从下星期一开始食堂改时间了。（　　）
3. 今天食堂从早上七点到晚上十一点一直开门。（　　）
4. 周末食堂也从早上七点到晚上十点开门。（　　）
5. 今天下午他们要上街去。（　　）
6. 他们得早点儿回来,回来晚了,食堂就关门了。（　　）

四、听录音,填空　（Listen and fill in the blanks）

1. 大卫来中国已经_____了。
2. _____他来过一次。
3. 上次他住了_____。
4. 这次他打算住_____。
5. 他打算先学_____,然后_____。
6. 他准备_____回国。

五、听录音,完成对话　（Listen and complete the following dialogue）

女：山姆,_____你可要来啊。
男：我很想去,但星期六我没时间。
女：为什么？_____?
男：我弟弟从美国来,_____。
女：_____。
男：没问题,我一定参加。

六、听录音,整理句子　（Listen and put the following sentences in order）

① 晚饭后我们常一起去散步
② 我女儿上学最远,起床也最早
③ 我们一家三口每天都很忙
④ 我和我丈夫都在学校工作
⑤ 我早上六点四十起床,七点五十去上班

137

⑥ 我丈夫没课时白天去图书馆查资料，晚上写文章

_____

七、听录音，复述内容　（Listen and retell）

课文（三）
Text 3

王兰：你怎么才来呀？我在这儿都等了半个多钟头了。

王文：唉，今天周末，大街上车太多，不停地堵车。

王兰：你什么时候出来的？

王文：我还专门提前了二十多分钟，不到一点就出来了，可还是来晚了，别生气，下次我不吃午饭就走。

王兰：你就会开玩笑。明天我爸过生日，咱们去买件礼物吧。

王文：好。对了，你爸过生日是按阴历还是阳历？

王兰：阴历，八月初十，今天是阳历9月6号，阴历八月初九。

第六课　时间
Lesson 6　Time

王文：你妈什么时候过生日？

王兰：她还早着呢,她的生日在年底,阴历腊月二十五。记住了啊,千万别忘了,我父母今年都过六十大寿,一定要好好儿给他们过。

王文：没问题。到时候你早点儿提醒我。我一定买件最好的礼物送给丈母娘。

王兰：你又开玩笑,还没结婚呢,哪来的丈母娘？

王文：（哈……）快走吧,咱们赶快去给你爸爸买礼物吧。

生词 New words

1. 堵车　　　dǔ chē　　　　　traffic jam
2. 专门　　　zhuānmén　　　special
3. 提前　　　tíqián　　　　　in advance
4. 礼物　　　lǐwù　　　　　　gift
5. 阴历　　　yīnlì　　　　　　lunar calendars
6. 阳历　　　yánglì　　　　　solar calendars
7. 初　　　　chū　　　　　　*used before numerals（from one to ten） denoting time of the lunar month*
8. 腊月　　　làyuè　　　　　the twelfth month of the lunar year
9. 大寿　　　dàshòu　　　　old person's birthday of every tenth
10. 丈母娘　　zhàngmuniáng　mother-in-law（for males）

注释 Notes

一、语言要点　（Grammar points）

1. "按"

   意思与"按照""依照"相同,表示遵从某种标准。如:

   (1) 我们应该按法律办事。

   (2) 按你的水平,不应该考不好。

   (3) 按学校的规定,你应该参加考试。

   (4) 按你的行李数量来说,这个箱子有点儿小。

2. "年底"

   中国人常把一年的开头几天叫年初,最后几天叫年底。同样,一个月的开头几天叫月初,中间几天叫月中,最后几天叫月底。一个月又可分为三部分,前十天叫上旬,中间十天叫中旬,最后十天叫下旬。

3. "腊月"

   阴历的十二月,中国人常叫腊月;阴历的一月,叫正月。

4. "六十大寿"

   在中国,老年人六十岁、七十岁、八十岁……生日,常常叫大寿。这时儿孙们要为他们好好儿庆祝。

二、相似说法　（The similar expressions）

1. 你怎么才来呀?

   (1) 你怎么刚来呀?

   (2) 你怎么现在才来呀?

2. 我在这儿都等了半个多钟头了。

   我在这儿都等了半个多小时了。

第六课　时间
Lesson 6　Time

3. 你什么时候出来的？

　　你几点出来的？

4. 我还专门提前了二十多分钟。

　　(1) 我特地提前了二十多分钟。

　　(2) 我特意提前了二十多分钟。

5. 你妈什么时候过生日？

　　(1) 你妈几月几号过生日？

　　(2) 你妈哪天过生日？

6. 到时候你早点儿提醒我。

　　(1) 到时候你早点儿告诉我。

　　(2) 到时候你早点儿说一声儿。

口语练习　Speaking exercises

一、用正确的语调朗读下面的句子

（Read the following sentences in correct intonation loudly）

1. 你怎么才来呀？我在这儿都等了半个多钟头了。

2. 今天是周末，大街上车太多。

3. 我还专门提前了二十多分钟。

4. 你爸过生日是按阴历还是阳历？

二、替换练习　（**Substitution drills**）

1. 你<u>几月几号</u>过生日？

| 什么时候 |
| 哪天 |
| 几号 |
| 星期几 |

2. <u>七点四十</u>了，该<u>上课</u>了。

| 九点五十 |
| 五点二十 |
| 差五分十二点 |
| 一点一刻 |

| 下课 |
| 去买东西 |
| 睡觉 |
| 辅导 |

三、说出下面的时间　（**Express the following time**）

1. 现在几点了？

2. 用"差"说出下面的时间

　　11:40　　　3:45　　　9:53　　　1:50　　　7:58

3. 读下面的词组

　(1) 2月27日　　5月30日　　11月11日

　(2) 星期四晚上差十分九点　　　星期二傍晚六点一刻
　　　星期五半夜十二点

　(3) 1999年10月1日星期六　　1982年12月5日星期一下午
　　　2000年11月30日星期四下午五点五十

四、完成对话　（**Complete the following dialogues**）

1. 男：你看不看电影？
   女：＿＿＿＿＿＿＿＿＿＿＿？
   男：中国电影。

第六课　时　间
Lesson 6　Time

女：我看。_____？

男：星期日晚上八点。

2. 男：火车_____？

女：晚上九点零三分开。

3. 男：你奶奶的生日是阴历几月初几？

女：_____。

五、回答问题　（Answer the following questions）

1. 你一般怎么安排你一天的时间？
2. 你以前一般怎么过周末？在中国怎么过？
3. 中国学生一般几点上课？你们国家的学生呢？你觉得最佳上课时间应该是几点？为什么？
4. 世界上有的国家或地区有自己的纪年法，你知道哪些地方有吗？

六、看图说话　（Tell a story based on the following pictures）

参考词语：闹钟　响　电池　过生日　和……一起　提前　礼物
　　　　　堵车

七、复述所学的课文　（Retell the text）

听力练习 Listening exercises

一、听录音,回答问题 (Listen and answer the following questions)

1. 他们买到票的时候是几点?
2. 他们几点能到北京?
3. 如果高铁一点半开,几点能到北京?动车呢?
4. 他们坐火车还是坐汽车回北京?

二、听录音,选择正确答案 (Listen and choose the right answers)

1. 说话人的朋友什么时候到的?
   A. 十二点二十 B. 十二点四十 C. 十一点二十

2. 什么时候请他们吃饭?
   A. 星期四 B. 星期三 C. 星期五

3. 火车几点开?
   A. 七点十分 B. 八点十分 C. 九点十分

三、听录音,判断正误

(True or false based on the following statements you listened)

1. 女的平时七点十分起床。(　　)
2. 女的星期六、星期日也七点起床。(　　)
3. 女的姥姥姥爷夏天都是早上五点起床。(　　)
4. 男的平时差不多七点起床。(　　)
5. 男的周末有时八九点起床,有时十一二点起床。(　　)

四、听录音,填空 (Listen and fill in the blanks)

1. 故宫是_____年开始修建的,_____年建成。

第六课　时间
Lesson 6　Time

2. 故宫一共修建了_____年。

3. 故宫到现在已有_____年的历史了。

五、听录音,完成对话　(Listen and complete the following dialogue)

男:_____!

女:有什么好电影?

男:新上演的喜剧片儿,很好看。

女:嗯,好吧。等等,_____对不对?

男:对,怎么了?

女:糟糕,我不能去,我得去_____。

男:_____。

女:也不行,我的一个老同学来出差,我得去接他。

男:那咱们只好星期四看了。

女:星期四可以。好,_____。

六、听录音,整理句子　(Listen and put the following sentences in order)

① 而且让我吃完再给爷爷奶奶送点儿

② 每天晚上十点睡觉,早上五点起床

③ 妈妈让我起床吃好吃的

④ 早上八点半,我被妈妈叫醒

⑤ 七点十分准时回来

⑥ 再去公园打四十分钟太极拳

⑦ 起床后先烧水泡茶

⑧ 爷爷奶奶生活很有规律

_____

七、听录音,复述内容　(Listen and retell)

补充生词
(Supplementary new words)

1. 睡觉 shuì jiào go to bed
2. 回来 huílai come back
3. 考试 kǎoshì exam
4. 寒假 hánjià winter vacation
5. 电影 diànyǐng film
6. 晚会 wǎnhuì evening party
7. 学期 xuéqī term
8. 散步 sàn bù go for a walk
9. 高铁 gāotiě high-speed railway
10. 动车 dòngchē bullet train
11. 故宫 Gùgōng the Palace Museum
12. 紫禁城 Zǐjìnchéng the Forbidden City (in Beijing)
13. 明朝 Míngcháo the Ming Dynasty
14. 清朝 Qīngcháo the Qing Dynasty
15. 直播 zhíbō live broadcast

第六课　时间
Lesson 6　Time

中国文化点滴
（Chinese culture snack）

　　中国人的日历有两种表示方法：一种是全世界都使用的公元纪年法，也叫公历；另一种是中国人自己使用的农历，通常也叫阴历。

　　中国的农历是以月亮的一个圆缺周期为一个月，以地球围绕太阳运转一周的时间为一年来计算的。所以每三年就会多出一个月。中国人把多出来的这个月叫闰月。

　　中国的农历大月30天，小月29天。农历的一月叫正月，十二月叫腊月，其他月份叫法和公历相同。农历每个月的前十天叫初一、初二、初三……初十，十一号以后和公历叫法一样。

第七课　做　客

Lesson 7　Being a guest

课文（一）
Text 1

大卫：智子，今天　晚上　有 空儿 吗？
Dàwèi：Zhìzǐ, jīntiān wǎnshang yǒu kòngr ma?

智子：有，什么 事儿？
Zhìzǐ：Yǒu, shénme shìr?

大卫：今天 是我 生日，我　想　办个 生日　晚会，你 能
Dàwèi：Jīntiān shì wǒ shēngrì, wǒ xiǎng bànge shēngrì wǎnhuì, nǐ néng

　　　参加 吗？
　　　cānjiā ma?

智子：真　的吗？那 太 好了，我 很　愿意 去。
Zhìzǐ：Zhēn de ma? Nà tài hǎo le, wǒ hěn yuànyì qù.

第七课　　做　客
Lesson 7　　Being a guest

大卫：那　晚上　六 点，在 我 宿舍 见。
Dàwèi：Nà wǎnshang liù diǎn, zài wǒ sùshè jiàn.

智子：好，　晚上　见。
Zhìzǐ：Hǎo, wǎnshang jiàn.

生词 New words

1. 做客　　　　zuò kè　　　　　visit sb.
2. 晚上　　　　wǎnshang　　　　night；evening
3. 生日　　　　shēngrì　　　　　birthday
4. 办　　　　　bàn　　　　　　　make arrangements of…
5. 参加　　　　cānjiā　　　　　 to attend
6. 真的吗　　　zhēn de ma　　　Really?
7. 愿意　　　　yuànyì　　　　　would like to…；be willing to…
8. 那(么)　　　nà(me)　　　　　so
9. 见　　　　　jiàn　　　　　　 to meet

注释 Notes

一、语言要点　(Grammar points)

1. "愿意……"

表示同意(做某事)，后面常跟动词。如：

"愿意" means "be willing to do sth.". It is often followed by a verb. For example：

(1) 你愿意参加吗？（Nǐ yuànyì cānjiā ma?　Will you join us?）

(2)你愿意来吗?(Nǐ yuànyì lái ma? Would you like to come?)

(3)我愿意去北京。(Wǒ yuànyì qù Běijīng. I'd like to go to Beijing.)

(4)我愿意学习汉语。(Wǒ yuànyì xuéxí Hànyǔ. I am willing to learn Chinese.)

2."在……见"

"在"和"见"中间常加表示地点的名词,意思是在这个地点见面。如:

The noun of place is often added between "在" and "见", meaning to meet somewhere. For example:

(1)在我宿舍见。(Zài wǒ sùshè jiàn. To meet in my dormitory.)

(2)在学校门口见。(Zài xuéxiào ménkǒu jiàn. To meet at the school gate.)

(3)在大厅见。(Zài dàtīng jiàn. To meet in the hall.)

(4)下午四点在公园见。(Xiàwǔ sì diǎn zài gōngyuán jiàn. To meet in the park at four o'clock in the afternoon.)

二、相似说法 (The similar expressions)

1. 今天晚上有空儿吗?

(1)今天晚上有时间吗?

(2)今天晚上没事儿吧?

2. 我很愿意去。

(1)我很乐意去。

(2)我很高兴去。

第七课 做客
Lesson 7 Being a guest

口语练习 Speaking exercises

一、用正确的语调朗读下面的句子
（Read the following sentences in correct intonation loudly）

1. 今天晚上有空儿吗？
2. 我想办个生日晚会，你能参加吗？
3. 真的吗？那太好了。

二、替换练习 （Substitution drills）

1. 今天晚上<u>有空儿</u>吗？

   | 没事儿吧 |
   | 有时间吗 |
   | 忙吗 |
   | 有课吗 |

2. 你能<u>参加</u>吗？

   | 来 |
   | 去 |
   | 买 |
   | 写 |

三、用所给的词语完成对话
（Complete the following dialogues with the given words）

1. 男：请问，今天晚上你有空儿吗？
   女：_____？（没空儿，什么，事儿）

2. 男：今天是我生日，我要办个生日晚会，你能参加吗？
   女：_____。（真的，吗，我，愿意，去）

四、把下列词语整理成句子 （Make up sentences with the following words）

1. 有空儿 你 今天 吗 晚上

   _____

2. 办　晚会　生日　想　我

_____

3. 能　吗　参加　你

_____

五、讨论　（Discussion）

1. 你怎么过生日？如果办生日晚会，你会做什么？

2. 如果你去参加生日晚会，会带什么礼物？

六、用下列词语编故事　（Make up a story with the following words）

有空儿　今天晚上　什么事儿　生日　晚会　参加
愿意　宿舍

听力练习 Listening exercises

一、听录音，选择正确答案　（Listen and choose the right answers）

1. 女的晚上有空儿吗？
   A. 没有　　　B. 不清楚　　　C. 不一定　　　D. 有空儿

2. 男的要办什么晚会？
   A. 圣诞晚会　B. 新年晚会　　C. 生日晚会　　D. 春节晚会

3. 女的有什么？
   A. 有空位子　B. 有时间　　　C. 有票　　　　D. 有地方

第七课　　做　客
Lesson 7　　Being a guest

二、听录音，判断正误

(True or false based on the following statements you listened)

1. 大卫今天晚上过生日。（　　）
2. 大卫请我去，没请田中。（　　）
3. 大卫请我们去他宿舍。（　　）
4. 我明天有事儿，不能去大卫宿舍了。（　　）

三、听录音，找出你所听到的词语　(Listen and underline the words you heard)

1. A. 有事儿　　B. 有时间　　C. 有空儿　　D. 有地方
2. A. 房间　　　B. 宿舍　　　C. 家　　　　D. 教室
3. A. 愿意　　　B. 乐意　　　C. 高兴　　　D. 希望

四、听录音，整理句子　(Listen and put the following sentences in order)

① 我很高兴地去了
② 我买了很多水果送给他
③ 上星期六中国朋友办晚会
④ 请我去参加

_____

课文（二）
Text 2

（彼得的房间里欢声笑语，这时有人敲门）

彼得：哪位？

安妮：我是安妮。

彼得：（开门）欢迎！请进。

安妮：祝你生日快乐！这是我买的水果。

彼得：谢谢！请屋里坐。

（安妮见房间里有很多人）

彼得：这些是我的朋友。这位是我的同学安妮。

安妮：你们好！

第七课　做　客
Lesson 7　Being a guest

王文：你好！

彼得：我们都坐下，吃点儿水果和蛋糕吧！

王文：彼得，快点儿切蛋糕吧。来，许个愿。

（大家唱生日歌，彼得切蛋糕，鼓掌声）

安妮：彼得，今天的晚会真有意思，不但认识了很多新朋友，而且聊得也很开心，谢谢你！

彼得：明天要是周末就好了。安妮，欢迎你下次再来，明天见。

安妮：明天见。

生词 New words

1. 房间　　　fángjiān　　　room
2. 水果　　　shuǐguǒ　　　fruit
3. 蛋糕　　　dàngāo　　　cake
4. 切　　　　qiē　　　　　to cut
5. 许愿　　　xǔ yuàn　　　make a wish
6. 鼓掌　　　gǔ zhǎng　　　to applaud
7. 聊　　　　liáo　　　　　to chat
8. 要是　　　yàoshi　　　　if
9. 周末　　　zhōumò　　　weekend

注释 Notes

一、语言要点　(Grammar points)

1. "快(点儿)……吧"

   常用于口语,表示让对方快些做某事。如:

   (1)你快(点儿)切蛋糕吧。

   (2)你快(点儿)学习吧。

   (3)你快(点儿)休息吧。

   (4)八点了,要迟到了,咱们快(点儿)走吧。

2. "要是……就好了"

   表示假设,多用于口语。如:

   (1)明天要是周末就好了。

   (2)今天要是不下雨就好了。

   (3)这衣服要是小号的就好了。

   (4)上学期,我要是努力学汉语就好了。

二、相似说法　(The similar expressions)

1. 哪位?

   (1)谁呀?

   (2)你找谁?

   (3)请问你找哪位?

2. 今天的晚会真有意思。

   (1)今天的晚会很好玩儿。

   (2)今天的晚会真热闹。

   (3)今天的晚会真不错。

第七课　　做　客
Lesson 7　　Being a guest

7

口语练习 Speaking exercises

一、用正确的语调朗读下面的句子

（Read the following sentences in correct intonation loudly）

1. 请问你找哪位？

2. 我们都坐下，吃点儿水果和蛋糕吧！

3. 今天的晚会真有意思，不但认识了很多新朋友，而且聊得也很开心。

4. 明天要是周末就好了。

二、替换练习　（Substitution drills）

1. 请问，你找<u>哪一位</u>？　2. 请<u>这边</u>坐。　3. 请坐！来，<u>吃点儿水果</u>吧！

找谁	房间里	喝杯茶
是谁	屋里	喝杯啤酒
有什么事儿	里边	吃块点心
	在这儿	点个川菜

三、用所给的词语完成对话

（Complete the following dialogues with the given words）

1. 彼得：安妮，你今天玩儿得怎么样？
   安妮：＿＿＿＿＿＿＿＿＿＿＿＿＿＿＿。（有意思，认识，聊天儿，开心）

2. 彼得：我们明天还有课，我们得走了。
   安妮：明天＿＿＿＿＿＿＿＿＿＿＿＿＿＿＿＿＿。（要是）

四、把下列词语整理成句子 （Make up sentences with the following words）
　　1. 明天　好了　周末　要是　就

　　　_____

　　2. 吃　水果　蛋糕　来　点儿　和　吧

　　　_____

　　3. 很多　认识　新朋友　了　我

　　　_____

　　4. 明天　我们　还有　课　得　走　了

　　　_____

五、讨论 （Discussion）
　　1. 在你们国家，去朋友或老师家做客，一般带什么礼物？
　　2. 在你们国家，去朋友或老师家做客，一般一起做什么？
　　3. 在你们国家，一般用什么招待客人？

六、用下列词语编故事 （Make up a story with the following words）
　　请进　屋里坐　这位是　坐下　吃　水果　有意思　没课　明天　要是……就好了　再来

听力练习 Listening exercises

一、听录音，回答问题 （Listen and answer the following questions）
　　1. 女的说"那当然了"，是什么意思？
　　　　A. 很高兴去　　B. 没时间去　　C. 不愿意去　　D. 没有决定

第七课　　做客
Lesson 7　Being a guest

2. 女的说"聊得很开心",是什么意思?

　　A. 玩儿得高兴　　B. 无聊　　C. 谈话很有意思　　D. 了解别人

二、听录音,判断正误

　　(True or false based on the following statements you listened)

　　1. 昨天大卫请我和田中去他家过生日。(　　)
　　2. 我们六点准时到了。(　　)
　　3. 我们去的时候还有好几个人没来。(　　)
　　4. 耽误了大家的时间,我们感到不好意思。(　　)

三、听录音,找出你听到的词语　　(Listen and underline the words you heard)

　　1. A. 快写　　　　B. 快切　　　　C. 快些　　　　D. 快买
　　2. A. 真有意思　　B. 开心极了　　C. 真没劲儿　　D. 太好了
　　3. A. 如果　　　　B. 要是　　　　C. 假如　　　　D. 钥匙

四、听录音,选择正确答案　　(Listen and choose the right answers)

　　1. 男的知不知道去王老师家做客该买些什么?
　　　　A. 不知道　　　　　B. 知道　　　　　C. 不清楚

　　2. 安妮建议买些什么?
　　　　A. 苹果　　　　　　B. 水果　　　　　C. 点心

　　3. 男的还想买点儿什么?
　　　　A. 除水果以外的礼品　　B. 鲜花儿　　　　C. 衣服

　　4. 安妮的中国朋友告诉她去中国人家做客买水果怎么样?
　　　　A. 合适　　B. 不礼貌　　C. 便宜　　D. 贵

五、听录音,填空　　(Listen and fill in the blanks)

　　1. _____什么?再_____一会儿吧。

2. _____我_____也不会_____饺子啊。

3. _____还是买些水果吧，去人家_____买_____挺_____的。

六、听录音，整理句子 （Listen and put the following sentences in order）

① 王老师今天请同学们去她家玩儿

② 可能我回国后要开一家饺子馆儿

③ 前几天我学习了包饺子

④ 所以我要早点儿去，再学学

⑤ 我们还要一起包饺子

⑥ 学完后我做过几次，但总不好吃

_____

课文（三）
Text 3

第七课　　做　客

Lesson 7　　Being a guest

大　卫：智子,王老师今天请我们去她家,我们买些什么好呢?
智　子：我看还是买点儿水果吧,我的中国朋友说去中国人家做客,买水果在任何时候都比较合适。
大　卫：那好吧。我们一起去买点儿水果吧。

(在王老师家门口,大卫敲门)

王老师：欢迎,欢迎,快进来。
大　卫：王老师好,智子和我给您买了些水果。
王老师：这么客气干什么?谢谢,快请屋里坐。
智　子：王老师,您家的客厅真大啊!
王老师：来,先喝杯茶,然后我领你们四处看看。

(喝完茶)

王老师：这是餐厅,那是厨房,面积不太大,但是足够用了。这间是书房,那边是卧室。
大　卫：王老师,您的书真多。
王老师：这些书是我爱人和我的。哎,我们一起包饺子怎么样?
智　子：太好了。前几天,我的中国朋友刚教过我怎么包,我今天可以实践一下了。
大　卫：可我一点儿也不会包啊。
王老师：没关系,我教你。

(他们一起包饺子,吃晚饭,聊天儿。最后,大卫、智子要告辞了)

大　卫：时间不早了,智子,我们走吧。
王老师：忙什么?再坐一会儿吧。
大　卫：您累了一天了,也该休息了。我们很高兴能来做客,我还学会了包饺子,太谢谢您了。
王老师：你们能来玩儿,我也很高兴,如果有时间,欢迎你们再来。
智　子：好的,有时间我们一定再来。再见!
王老师：再见!

生词 New words

1. 合适　　héshì　　　suitable
2. 客厅　　kètīng　　　living room
3. 餐厅　　cāntīng　　dining room
4. 厨房　　chúfáng　　kitchen
5. 面积　　miànjī　　　area
6. 书房　　shūfáng　　reading room
7. 卧室　　wòshì　　　bedroom
8. 实践　　shíjiàn　　　to practice
9. 告辞　　gàocí　　　say good-bye
10. 累　　　lèi　　　　tired

注释 Notes

一、语言要点　(Grammar points)
　1."……什么好呢?"
　　表示征求对方意见,"呢"可省略。如:
　　(1)今天的晚会,我穿什么好呢?
　　(2)今天晚饭吃点儿什么好呢?
　　(3)放了假,去哪儿玩儿好呢?
　　(4)我怎么称呼他好呢?

第七课　　做　客
Lesson 7　　Being a guest

2. "真"＋形容词

用"真"强调所修饰的词,表示程度高。如：

(1)你的汉字写得真好。

(2)这儿的夏天真凉快。

(3)这首歌真好听。

(4)汉语有的语法真难懂。

3. "……怎么样？"

用于提出建议,让对方选择。如：

(1)天气这么好,一起出去玩儿,怎么样？

(2)我们互相学习,怎么样？

(3)放假后,我们一起去旅行,怎么样？

(4)这道菜做成辣味儿的,怎么样？

4. "一点儿也不……"

表示完全否定,后面可跟动词或形容词。如：

(1)来中国前,我汉语一点儿也不懂。

(2)他的汉语说得一点儿也不快。

(3)这道菜一点儿也不难吃。

(4)这首歌一点儿也不好听。

二、相似说法　　(The similar expressions)

1. 我看还是买点儿水果吧。

(1)我想买些水果就行了。

(2)我觉得买点儿水果就可以了。

2. 这么客气干什么？

(1)不用这么客气。

(2)别客气。

3. **中国朋友刚教过我怎么包,我今天可以实践一下了。**
   中国朋友刚教过我包饺子,我今天可以练习练习了。

4. **时间不早了,我们走吧。**
   (1)时间太晚了,我们走吧。
   (2)不早了,我们走吧。

口语练习 Speaking exercises

一、用正确的语调朗读下面的句子
   (Read the following sentences in correct intonation loudly)

   1. 我们一起包饺子怎么样?
   2. 可我一点儿也不会包啊。
   3. 时间不早了,我们该走了。
   4. 忙什么?再坐一会儿吧。

二、替换练习 (Substitution drills)

   1. 这间是书房,那间是卧室。

洗手间	客厅
餐厅	厨房
教室	办公室
影音室	健身室

   2. 我们一起包饺子吧。

   | 聊天儿 |
   | 听音乐 |
   | 看电视 |
   | 学习 |

第七课　　做　客
Lesson 7　　Being a guest

3. 再坐一会儿吧。　　4. 下次有机会,欢迎你们再来。

待　　　　　　　　　　时间
玩儿　　　　　　　　　空儿
学
煮

三、用所给的词语完成对话
（Complete the following dialogues with the given words）

1. 男：智子和我给您买了些水果。
   女：_____？（客气,干什么,这么）

2. 男：这间是客厅,那间是书房。
   女：_____。（面积不小,书,多）

3. 男：我们一起包饺子好吗？
   女：_____。（中国朋友,教,刚,练习）

4. 男：时间不早了,我该走了。
   女：_____。（忙什么,坐一会儿）

四、把下列词语整理成句子　（Make up sentences with the following words）

1. 我们　时间　走吧　不早了
   _____

2. 休息　该　累了　您　一天　了
   _____

3. 有时间　你们　再来　我家里　做客　欢迎
   _____

五、讨论 （Discussion）

1. 在你们国家,晚会一般什么时候结束?

2. 在你们国家,去别人家做客,主人会邀请你跟他(她)一起做晚饭吗?

3. 在你们国家,在别人家做客,主人会请你吃什么类型的晚饭?（自助,烧烤……）

六、用下列词语编故事 （Make up a story with the following words）

买水果　还是　合适　客气　请进　客厅　餐厅　厨房
面积　不太大　书　多　包饺子　不会包　时间不早　累

听力练习 Listening exercises

一、听录音,选择正确答案 （Listen and choose the right answers）

1. 男的说"今天可以实践一下了",是什么意思?
   A. 做课文练习　　　　　　B. 再练习练习包饺子
   C. 他想吃饺子　　　　　　D. 去外边买饺子

2. 这个对话可能发生在什么地方?
   A. 饭馆儿　　B. 教室　　C. 咖啡厅　　D. 家里

3. 彼得为什么让安妮走?
   A. 时间已经很晚了　　　　B. 他不喜欢这里
   C. 他认为安妮有别的事儿　D. 他想早点儿回家见安妮

二、听录音,判断正误

（True or false based on the following statements you listened）

1. 大卫和智子去王老师家做客了。（　　）

第七课　做客
Lesson 7　Being a guest

2. 他们什么也没带。（　　）
3. 王老师很热情。（　　）
4. 王老师家有很多房间。（　　）
5. 他们吃了饺子和面条儿。（　　）
6. 王老师还让他们再去她家玩儿。（　　）

三、听录音，填空　(Listen and fill in the blanks)

1. 这间是_____，那边是_____，左边是_____，右边是_____，那间大的是_____。
2. 吃_____晚饭，_____一会天儿，他们要_____了。
3. 女：我们晚饭一起_____怎么样？
   男：太好了，_____我的中国朋友_____教过我_____包。

四、听录音，整理句子　(Listen and put the following sentences in order)

① 安妮是第一次去中国人家
② 听说辅导老师的爸爸喜欢喝酒
③ 辅导老师的妈妈会做四川菜
④ 前天我和安妮一起去了辅导老师家
⑤ 她非常高兴
⑥ 所以我买了一瓶酒，安妮带了水果
⑦ 我决定回国前和辅导老师的妈妈学几个拿手菜
⑧ 她做了一桌子四川菜

_____

补充生词
(Supplementary new words)

1. 忙　　　　máng　　　　busy
2. 清楚　　　qīngchu　　　clear
3. 圣诞　　　Shèngdàn　　Christmas
4. 新年　　　xīnnián　　　New Year
5. 春节　　　Chūn Jié　　Spring Festival
6. 位子　　　wèizi　　　　seat
7. 地方　　　dìfang　　　 place
8. 教室　　　jiàoshì　　　classroom
9. 希望　　　xīwàng　　　to wish
10. 交通　　jiāotōng　　　traffic
11. 事故　　shìgù　　　　accident
12. 耽误　　dānwu　　　　to delay
13. 音乐　　yīnyuè　　　　music
14. 待会儿　dāi huìr　　　wait a moment; after a while

中国文化点滴
(Chinese culture snack)

　　中国人热情好客,友好地对待客人和朋友是中国人的传统。在有朋友来访时,有的人喜欢在家里招待客人。主人会请客人喝茶、吃水果、吃饭。如果是外国朋友,有的中国人还喜欢让外国人同他们一起包饺子,以了解中国传统食品,并能增加欢乐的气氛。现在,由于生活节奏的加快,有的中国人喜欢在饭店招待来访者,这样会节省一些做饭的时间,更方便一些。吃完饭后,有的人还喜欢和朋友聊聊天儿,唱唱歌,听听音乐什么的,放松一下。

第八课　谈天气

Lesson 8　Talking about the weather

扫码听录音

课文（一）
Text 1

彼得：昨天　晚上　下　雨了吧？
Bǐdé：Zuótiān wǎnshang xià yǔ le ba?

安妮：没错儿，昨晚　又　刮　风又　下雨。
Ānnī：Méicuòr, zuówǎn yòu guā fēng yòu xià yǔ.

彼得：今天　天气　怎么样？
Bǐdé：Jīntiān tiānqì zěnmeyàng?

安妮：挺　好的。太阳　出来了。
Ānnī：Tǐng hǎo de. Tàiyáng chūlai le.

彼得：今天 热不热？
Bǐdé：Jīntiān rè bu rè？

安妮：今天 不太热，刚 下过 雨，挺 凉快 的。
Ānnī：Jīntiān bú tài rè, gāng xiàguo yǔ, tǐng liángkuai de.

彼得：这 两 天 太热了。
Bǐdé：Zhè liǎng tiān tài rè le.

安妮：对，热极了。
Ānnī：Duì, rè jí le.

生词 New words

1. 天气　　　　　tiānqì　　　　　　weather
2. 下雨　　　　　xià yǔ　　　　　　to rain
3. 没错儿　　　　méicuòr　　　　　surely
4. 又……又……　yòu……yòu……　both… and…
5. 刮风　　　　　guā fēng　　　　　to blow
6. 怎么样　　　　zěnmeyàng　　　　how（about）
7. 太阳　　　　　tàiyáng　　　　　sun
8. 出来　　　　　chūlai　　　　　　come out
9. 凉快　　　　　liángkuai　　　　cool
10. 这　　　　　 zhè　　　　　　　this
11. 热　　　　　 rè　　　　　　　　hot
12. ……极了　　　……jí le　　　　　very

第八课　　谈天气
Lesson 8　Talking about the weather

注释 Notes

一、语言要点 (Grammar points)

1. "昨天晚上下雨了吧？"

"吧"表示疑问，常用于说话人已有了基本看法，但还不能肯定的情况。如：
"吧" is often used in interrogative sentences, in which the speaker has a basic idea already, but is not sure yet. For example:

(1) 今天天气很冷吧？（Jīntiān tiānqì hěn lěng ba?　Today it is cold, isn't it?）

(2) 北京的秋天很凉快吧？（Běijīng de qiūtiān hěn liángkuai ba?　In autumn it is cool in Beijing, isn't it?）

(3) 你的身体不错吧？（Nǐ de shēntǐ búcuò ba?　Are you in health?）

(4) 火车站离这儿很远吧？（Huǒchēzhàn lí zhèr hěn yuǎn ba?　Is the railway station far away from here?）

(5) 你是日本人吧？（Nǐ shì Rìběnrén ba?　Are you Japanese?）

2. "没错儿"

表示赞同，常用来表示同意别人的看法。如：
"没错儿" means to agree on somebody's views. For example:

(1) 男：北京秋天的天气真好。（Běijīng qiūtiān de tiānqì zhēn hǎo.　The climate is very well in autumn in Beijing.）

女：没错儿，不冷不热。（Méicuòr, bù lěng bú rè.　Yes, it is neither cold nor hot.）

(2) 男：火车站在马路北边吧？（Huǒchēzhàn zài mǎlù běibian ba?　Is the railway station in the north of the street?）

女：没错儿，过了马路，往北走不远就是。（Méicuòr, guòle mǎlù, wǎng běi zǒu bù yuǎn jiù shì.　All right, cross the road, walk northward. It's not far from here.）

(3)男：学习汉语很有意思。(Xuéxí Hànyǔ hěn yǒu yìsi. It is very interesting to learn Chinese.)

女：没错儿。(Méicuòr. I'm quite sure.)

3. "又刮风又下雨"

"又……又……"连接两项事物,表示两个动作、状态或情况同时存在。如：
"又……又……" is used to denote simultaneous existence of two conditions or states. For example：

(1)今天又没风又没雨。(Jīntiān yòu méi fēng yòu méi yǔ. It's neither windy nor raining today.)

(2)那个孩子长得又高又胖。(Nàge háizi zhǎng de yòu gāo yòu pàng. That child is very tall and fat.)

(3)这件衣服又贵又不好。(Zhè jiàn yīfu yòu guì yòu bù hǎo. This clothes is very expensive and of bad quality.)

(4)她高兴得又唱又跳。(Tā gāoxìng de yòu chàng yòu tiào. She is very happy, singing and dancing.)

(5)屋里人又多,空气又不好。(Wū li rén yòu duō, kōngqì yòu bù hǎo. There are too many people in the room, the air isn't fresh.)

4. "今天天气怎么样?"

"怎么样"意思是"好不好"。如：
"怎么样" means "how about". For example：

(1)你的身体怎么样?(Nǐ de shēntǐ zěnmeyàng? How are you?)

(2)这条裤子怎么样?(Zhè tiáo kùzi zěnmeyàng? How about the trousers?)

(3)你汉语说得怎么样?(Nǐ Hànyǔ shuō de zěnmeyàng? How is your oral Chinese?)

(4)你在中国的生活怎么样?(Nǐ zài Zhōngguó de shēnghuó zěnmeyàng? How is your life in China?)

(5)你最近的心情怎么样?(Nǐ zuìjìn de xīnqíng zěnmeyàng? How about your mood recently?)

第八课　　谈天气

Lesson 8　　Talking about the weather

5. "这两天太热了。"

"这两天"表示"最近"。"两"表示概数。如：

"这两天" means "in the past few days". "两" denotes an approximate number. For example：

这两年（zhè liǎng nián　in the past few years）

和他说两句话（hé tā shuō liǎng jù huà　talk a few words with him）

看了他两眼（kànle tā liǎng yǎn　have a look at him）

6. "热极了"

"……极了"表示程度高。如：

"……极了" means "very, too". For example：

凉快极了（liángkuai jí le　very cool）

好吃极了（hǎochī jí le　very delicious）

贵极了（guì jí le　too expensive）

远极了（yuǎn jí le　too far）

好极了（hǎo jí le　very good）

快极了（kuài jí le　very fast）

二、相似说法　（The similar expressions）

1. 今天天气怎么样？

(1) 今天天气如何？

(2) 今天天气怎样？

(3) 今天天气好不好？

(4) 今天天气好吗？

2. 这两天太热了！

(1) 这几天太热了！

(2) 最近太热了！

口语练习 Speaking exercises

一、用正确的语调朗读下面的句子
  (**Read the following sentences in correct intonation loudly**)

  1. 昨天晚上下雨了吧?
  2. 昨晚又刮风又下雨。
  3. 今天天气怎么样?
  4. 这两天太热了。
  5. 刚下过雨,挺凉快的。

二、替换练习 (**Substitution drills**)

  1. 昨天又刮风又下雨。

晴朗	凉快
冷	潮
热	闷
阴	冷

  2. 今天天气怎么样?

好不好
热不热
冷不冷
好吗

  3. 这两天太热了。

冷
凉快
潮
舒服

三、完成对话 (**Complete the dialogues**)

  1. 男:今天热不热?
    女:＿＿＿＿＿＿＿＿＿＿＿。

第八课　　谈天气
Lesson 8　Talking about the weather

2. 男：今天天气_____？
   女：晴天，风不大。

3. 男：这几天太热了。
   女：昨天下了雨，今天_____。

4. 男：今天_____？
   女：挺凉快的。

四、回答问题　(Answer the following questions)

1. 今天天气好不好？昨天呢？
2. 这儿的天气和你们国家一样吗？
3. 你喜欢热天还是冷天？为什么？
4. 春天、夏天、秋天、冬天，你喜欢哪一个季节？为什么？

五、看图说话　(Tell a story based on the following pictures)

六、复述所学的课文 (Retell the text)

听力练习 Listening exercises

一、听录音,找出你听到的词语
(Listen and underline the words you heard)

1. A. 阴天　　　　B. 多云　　　　C. 晴天　　　　D. 下雪
2. A. 又热又潮　　　　　　　　B. 又刮风又下雨
   C. 又下雪又刮风　　　　　　D. 又冷风又大
3. A. 不太热　　B. 有点儿热　　C. 很热　　　　D. 非常热
4. A. 风不大　　B. 风有点儿大　C. 风真大　　　D. 没有风

二、听录音,边听边填表 (Listen and fill in the blanks)

城　市	天　气	风　力
北　京		
天　津		
上　海		

三、听录音,回答问题 (Listen and answer the following questions)

1. 今天热吗?
2. 今天多少度?
3. 明天天气怎么样?
4. 明天风大不大?

第八课　　谈天气
Lesson 8　Talking about the weather

四、听录音，选择正确答案　(Listen and choose the right answers)

1. 今天早上天气_____。
   A. 很好　　　　　B. 不太好　　　　　C. 很不好

2. 下午开始_____。
   A. 没风　　　　　B. 有点儿刮风　　　C. 刮大风

3. 一会儿开始_____。
   A. 下雪　　　　　B. 下大雨　　　　　C. 有太阳了

4. 而且雨_____。
   A. 越下越小　　　B. 越下越大　　　　C. 停了

五、听录音，判断正误

(True or false based on the following statements you listened)

1. 这几天天气很热。（　　）
2. 这几天又刮风又下雪。（　　）
3. 明天有雪。（　　）
4. 明天上午风小，下午风大。（　　）

六、听录音，整理句子　(Listen and put the following sentences in order)

① 昨天天气真热
② 今天早上凉快多了
③ 晚上下了大雨
④ 热得让人很不舒服

_____

七、听录音，复述内容　(Listen and retell)

课文（二）
Text 2

玛丽：大卫，不好了，外面又打雷又打闪的，看来要下雨了。

大卫：春天太干燥了，太需要下场雨了。

玛丽：可明天我们要去森林动物园玩儿，要是下雨，我们就去不成了啊。

大卫：你放心，明天准是晴天。

玛丽：你一定是看了天气预报了吧？明天天气怎么样？

大卫：天气预报说，今天傍晚有阵雨，半夜阴转多云，明天晴。

玛丽：明天多少度？风大不大？

第八课　谈天气
Lesson 8　Talking about the weather

大卫：最高气温十五度，跟今天一样，有四到五级偏北风。

玛丽：看来明天比今天暖和，今天最高气温才十一度。

大卫：明天是比今天暖和一些，不过风还挺大，你最好穿件风衣。

生词 New words

1. 打雷　　　dǎ léi　　　thunder
2. 打闪　　　dǎ shǎn　　lightning
3. 干燥　　　gānzào　　　dry
4. 森林　　　sēnlín　　　forest
5. 晴天　　　qíngtiān　　fine day
6. 预报　　　yùbào　　　forecast
7. 阵雨　　　zhènyǔ　　　shower
8. 阴　　　　yīn　　　　　overcast
9. 转　　　　zhuǎn　　　to turn
10. 多云　　　duōyún　　　cloudy
11. 晴　　　　qíng　　　　clear
12. 度　　　　dù　　　　　degree
13. 气温　　　qìwēn　　　temperature
14. 级　　　　jí　　　　　degree
15. 偏　　　　piān　　　　be inclined to...
16. 暖和　　　nuǎnhuo　　warm
17. 风衣　　　fēngyī　　　wind coat

注释 Notes

一、语言要点 （Grammar points）

1. "跟今天一样"

   "跟……一样"常表示两者差不多。如：

   (1) 我家乡的冬天跟这里一样冷。

   (2) 我说跟你说不一样。

   (3) 坐101路车跟坐708路车一样，都到超市。

   (4) 这件衣服跟那件衣服一样贵。

   (5) 她的生活习惯跟中国人不一样。

2. "明天比今天暖和"

   "比"常用于比较句中，句式是"A 比 B＋形容词"。如：

   (1) 夏天比春天热。

   (2) 哈尔滨的冬天比大连冷。

   (3) 这个面包比那个面包好吃。

   (4) 这条河比那条河宽。

   否定形式可以用"不比""不如"。如：

   (1) 今天不如昨天凉快。

   (2) 我的汉语不如你好。

   (3) 这本书不比那本书便宜。

   用"比"的比较句中不能用"很""非常""太"，但可以和"一些""一点儿""多了""……得多"一起用。如：

   (1) 今天比昨天热一些。

   (2) 他的汉语比我的好一点儿。

第八课　　谈天气
Lesson 8　Talking about the weather

(3)这儿的冬天比我的家乡冷多了。

(4)这盘菜比那盘菜好吃得多。

4. "今天最高气温才十一度。"

"才"表示数量少,程度低。如:

(1)我们班才有十个同学。

(2)他才来过中国两次。

(3)我才学了三个月汉语。

(4)我妹妹才五岁。

(5)才五点,银行就关门了。

5. "不过"

表示转折,语气比"但是"轻。如:

(1)这个字我学过,不过,现在想不起来了。

(2)这件衣服挺漂亮的,不过太贵了。

(3)外边下雪了,不过不太冷。

(4)我没什么大病,不过有点儿感冒。

二、相似说法　(The similar expressions)

1. 要下雨了。

(1)快下雨了。

(2)快要下雨了。

(3)就要下雨了。

2. 你放心。

(1)你就放心吧。

(2)你就放心好了。

(3)你放心就是了。

(4)放你的心吧。

3. 明天准是晴天。
   (1) 明天准保是晴天。
   (2) 明天保证是晴天。
   (3) 明天一定是晴天。
   (4) 明天肯定是晴天。
   (5) 没问题,明天是晴天。

4. 明天跟今天一样,有偏北风。
   (1) 明天和今天一样,有偏北风。
   (2) 明天同今天一样,有偏北风。

5. 明天比今天暖和。
   (1) 今天没有明天暖和。
   (2) 今天不如明天暖和。

6. 今天最高气温才十一度。
   (1) 今天最高气温只十一度。
   (2) 今天最高气温只有十一度。
   (3) 今天最高气温刚十一度。

口语练习 Speaking exercises

一、用正确的语调朗读下面的句子

(Read the following sentences in correct intonation loudly)

1. 春天太干燥了。
2. 要是下雨,我们就去不成了。
3. 今天傍晚有阵雨,半夜阴转多云。

第八课　　谈天气
Lesson 8　　Talking about the weather

4. 跟今天一样,有四到五级偏北风。

5. 看来明天比今天暖和,今天最高气温才十一度。

二、替换练习　（**Substitution drills**）

1. 要是<u>下雨</u>,我们就去不成了。

| 刮大风 |
| 下大雪 |
| 阴天 |
| 太热 |

2. 今天傍晚有<u>阵雨</u>,半夜<u>阴转多云</u>。

大雨	阴转晴
大风	多云转晴
小到中雨	有大风

3. 今天最高气温才<u>十一度</u>。

| 零下六度 |
| 零度 |
| 零度左右 |

三、完成对话　（**Complete the following dialogues**）

1. 男:这里的天气你习惯了吗?
   女:习惯了,＿＿＿＿＿＿＿＿＿＿。

2. 男:今天多少度?
   女:＿＿＿＿＿＿＿＿＿＿＿＿。

3. 男:天气好的时候你喜欢去旅游吗?
   女:喜欢,我＿＿＿＿＿＿＿＿＿＿。

4. 男：这里的冬天比你的家乡冷吗？
　　女：_____。

四、回答问题　（Answer the following questions）
　1. 这两天天气怎么样？
　2. 你家乡四季的天气怎么样？
　3. 一年中你最喜欢哪个季节？为什么？
　4. 你常听天气预报吗？今天你听了吗？
　5. 说一说你们国家每个季节的特点。

五、看图说话　（Tell a story based on the following pictures）

第八课　谈天气
Lesson 8　Talking about the weather

六、复述所学的课文 （Retell the text）

听力练习 Listening exercises

一、听录音，找出你听到的词语 （Listen and underline the words you heard）

1. A. 二十八度　　B. 十八度　　C. 三十六度　　D. 三十八度
2. A. 大雨　　　　B. 雷雨　　　C. 小雨　　　　D. 阵雨
3. A. 东南风　　　B. 西北风　　C. 西南风　　　D. 偏西风
4. A. 晴转多云　　B. 多云转晴　C. 晴转阴　　　D. 多云转阴

二、听录音，填表 （Listen and fill in the blanks）

时间	天气	风向	风力	最高气温	最低气温
今天					
明天					

三、听录音，回答问题 （Listen and answer the following questions）

1. 这是什么地方播送的天气预报？
2. 北京天气如何？
3. 哈尔滨气温怎么样？
4. 沈阳有没有下雪？

四、听录音，选择正确答案 （Listen and choose the right answers）

1. 大连的气候_____。
   A. 四季不分　　B. 四季分明　　C. 没有春天

2. 大连的冬天比沈阳_____。

    A. 冷　　　　　　　B. 暖和　　　　　　　C. 冷多了

3. 大连的夏天_____。

    A. 比北京热　　　　B. 比北京凉快　　　　C. 和北京一样

4. 大连的春天和秋天_____。

    A. 很舒服　　　　　B. 风很大,不舒服　　C. 和夏天一样热

五、听录音,判断正误

(True or false based on the following statements you listened)

1. 这儿的夏天现在和以前一样热。(　　　)

2. 这个地方是中国最热的地方。(　　　)

3. 重庆、武汉、南京,还有吐鲁番被中国人叫作"火炉"。(　　　)

4. 夏天最好去南京旅游。(　　　)

5. 东北的夏天也很热。(　　　)

六、听录音,整理句子　**(Listen and put the following sentences in order)**

① 冰雪给人行走带来了不便

② 秋天气温不高不低

③ 秋天一过去,冬天就来了

④ 秋天到处鲜花盛开

⑤ 冬天北风呼啸,大雪纷飞

⑥ 秋天是旅游的好季节

_____

七、听录音,复述内容　**(Listen and retell)**

第八课　谈天气
Lesson 8　Talking about the weather

课文（三）　Text 3

王文：好冷的天儿啊！我的耳朵都快冻掉了。

王兰：这天儿是够冷的，要不咱俩先到茶馆儿喝杯茶，然后再去阅览室看书？

王文：行，就这么着。

王兰：你是第一次在北方过冬吧？

王文：可不是，九月刚入学的时候，这里秋高气爽，风和日暖，没想到冬天这么冷，真有点儿受不了。你觉得怎么样？

王兰：我还可以，我家在东北，那里的气候和这里差不多，冬天刮风、下雪、霜冻、结冰，有时还有雾霾，都习惯了。不过我对南方又潮又热的气候可受不了。

王文：我跟你正好相反。我一直生活在广州，很习惯南方的天气，就怕北方的大风。

王兰：现在还不是最冷的时候。春节前后那段时间才冷呢，温度最低时有零下十八九度。

王文：我听说哈尔滨的冬天，气温常常都在零下二三十度。我要是在那儿生活，非冻死不可。

王兰：哈尔滨的冬天确实很冷，不过那儿的冰雕艺术很有名，我看过，好看极了。怎么样？什么时候带你去一趟？

王文：我也很想去，但怕受不了那里的天气。

王兰：我看，你要想去就从现在开始加强锻炼，多到外边活动活动，慢慢地适应，时间长了就习惯了。

王文：好吧，我试试吧。

生词 New words

1.	快	kuài	nearly
2.	冻	dòng	to freeze
3.	秋高气爽	qiūgāo-qìshuǎng	the sky in autumn is clear and the air is crisp
4.	风和日暖	fēnghé-rìnuǎn	warm and sunny
5.	受不了	shòubuliǎo	can't bear
6.	霜	shuāng	frost
7.	结冰	jié bīng	to freeze

第八课　　谈天气
Lesson 8　　Talking about the weather

8. 雾霾	wùmái	smog
9. 潮	cháo	moist
10. 零下	língxià	minus
11. 冰雕	bīngdiāo	ice sculpture
12. 艺术	yìshù	art
13. 加强	jiāqiáng	to strengthen
14. 适应	shìyìng	to adjust

注释 Notes

一、语言要点　（Grammar points）

1. "好冷的天儿啊！"

　　"好"表示程度深，有感叹的语气。如：

　　(1)好美的雪景啊！

　　(2)好漂亮的大衣啊！

　　(3)好贵的面包啊！

　　(4)中国的春节好热闹啊！

　　(5)这个广场好大啊！

2. "先……然后……"

　　表示按时间顺序排列。如：

　　(1)我和小王先去书店，然后再去邮局。

　　(2)你先说，然后我再说。

　　(3)我来中国先学汉语，然后再去旅行。

　　(4)每天下午我先复习旧课，然后再预习新课。

3. "可不是"

　　意思与"对""没问题"相同,常用于口语。如:

　　(1)男:今年的雪可真多。

　　　　女:可不是,已经下了三场了。

　　(2)男:你家乡的气候比这里暖和?

　　　　女:可不是,暖和多了。

　　(3)男:汉语真难啊!

　　　　女:可不是,特别是汉字和发音。

4. "受不了"

　　意思是"不能忍受"。如:

　　(1)风太大了,我受不了了。

　　(2)她实在受不了,大哭起来。

　　(3)每天早上六点起床,真受不了。

5. "非……不可"

　　意思是"一定……""肯定……",多用于口语。如:

　　(1)七点四十起床,非迟到不可。

　　(2)我要去北京,他非要和我一起去不可。

　　(3)来中国旅行,非得先学好汉语不可。

　　(4)妈妈非让我带上雨伞不可。

二、相似说法　(The similar expressions)

　1.我跟你正相反。

　　(1)我跟你一点儿不一样。

　　(2)我跟你不同。

　2.我要是在那儿生活,非冻死不可。

　　(1)我要是在那儿生活,一定得冻死。

第八课　谈天气
Lesson 8　Talking about the weather

（2）我要是在那儿生活，肯定得冻死。

（3）我要是在那儿生活，就别想活了。

3. 哈尔滨的冬天确实很冷。

　　哈尔滨的冬天真的很冷。

口语练习 Speaking exercises

一、用正确的语调朗读下面的句子

（Read the following sentences in correct intonation loudly）

1. 那里的气候和这里差不多。

2. 冬天刮风、下雪、霜冻、结冰，有时还有雾霾，我都习惯了。

3. 不过我对南方又潮又热的气候可受不了。

4. 气温常常都在零下二三十度。

二、替换练习　（Substitution drills）

1. 那里的气候和这里<u>差不多</u>。

| 一样 |
| 相同 |
| 完全不同 |
| 根本不一样 |

2. 不过我对<u>南方</u>又<u>潮</u>又<u>热</u>的气候可受不了。

北方	又干又冷
这儿	又阴又冷
那儿	又湿又热

3. 气温常常都在零下二三十度。

> 零下五六度
> 零度以下
> 三十度以上
> 零度左右

三、完成对话 （Complete the dialogues）

1. 男：我在南方住过，冬天又潮又冷，我有点儿受不了。
   女：_____。

2. 男：我觉得，咱们冬天可以去哈尔滨看冰雕。
   女：_____。

3. 男：为什么说秋天是这儿一年最好的季节？
   女：因为 _____。

四、回答问题 （Answer the following questions）

1. 你觉得这儿的天气怎么样？
2. 一年中你最喜欢哪个季节？为什么？
3. 你的家乡经常下雪吗？
4. 下雪时你喜欢干什么？为什么？
5. 下雪天你最喜欢的运动是什么？夏天呢？
6. 谈谈冬天的优点和缺点。

第八课　　谈天气

Lesson 8　　Talking about the weather

五、看图说话 （Tell a story based on the following pictures）

六、讨论 （Discussion）

1. 谈谈你家乡的四季与你现在住的地方有什么不同。
2. 你们国家在每个季节适合哪些运动？为什么？

听力练习 Listening exercises

一、听录音，找出你听到的词语 （Listen and underline the words you heard）

1. A. 不一样　　　B. 差不多　　　C. 完全一样　　　D. 完全不同
2. A. 下雨　　　　B. 打雷　　　　C. 刮大风　　　　D. 下大雨
3. A. 有霜冻　　　B. 有雾霾　　　C. 有雪　　　　　D. 有暴雨
4. A. 阴转多云　　B. 多云转阴　　C. 多云转晴　　　D. 晴转多云

二、听录音,填表 (Listen and fill in the blanks)

时间	天气	风向	风力	最高气温	最低气温
今天夜间					
明天白天					
明天夜间					
以后两天					

三、听录音,回答问题 (Listen and answer the following questions)

1. 什么时间下大雨了?说话人正在干什么?
2. 下雨前感觉怎么样?
3. 风力怎么样?
4. 除了雨还有什么?
5. 大雨带来的后果是什么?
6. 街上的雨水最深的地方有多深?

四、听录音,选择正确答案 (Listen and choose the right answers)

1. 因为污染,冬天变得_____。
   A. 越来越冷　　　　B. 越来越暖和　　　　C. 和夏天一样

2. 暖冬使_____,造成春季干燥。
   A. 温度增高　　　　B. 温度没变化　　　　C. 温度降低

3. 暖冬_____,给交通带来了不便。
   A. 风大雾霾大　　　B. 风小雾霾小　　　　C. 风小雾霾大

4. 暖冬使_____,火灾增多。
   A. 天气潮湿　　　　B. 天气干燥　　　　　C. 天气常下雨

第八课　谈天气

Lesson 8　Talking about the weather

五、听录音,判断正误

(True or false based on the following statements you listened)

1. 去东北旅行可以滑雪,看雪景。(　　)
2. 哈尔滨现在的气温是最高零下十八度,最低零下二十度。(　　)
3. 男的买了皮大衣,没有买皮帽子。(　　)
4. 哈尔滨的冰雪艺术节一月底开幕。(　　)
5. 两个人都怕冷,不想去哈尔滨。(　　)

六、听录音,整理句子　(Listen and put the following sentences in order)

① 新疆北部将出现小到中雪,并有大风
② 因受冷空气的影响
③ 现在播送天气预报
④ 今天晚上到明天
⑤ 东北大部分地区中到大雪
⑥ 全国气温普遍下降八到十二度
⑦ 南方有四到六级偏北风,并有霜冻
⑧ 请大家注意防寒

_____

七、听录音,复述内容　(Listen and retell)

	补充生词	
	(Supplementary new words)	
1. 晴朗	qínglǎng	clear
2. 冷	lěng	cold
3. 闷	mēn	stuffy

4. 阴	yīn	overcast
5. 舒服	shūfu	comfortable
6. 夏天	xiàtiān	summer
7. 秋天	qiūtiān	autumn
8. 雪	xuě	snow
9. 风力	fēnglì	sharp
10. 多云	duōyún	cloudy
11. 季节	jìjié	season
12. 东南	dōngnán	southeast
13. 西北	xīběi	northwest
14. 西南	xīnán	southwest
15. 哈尔滨	Hā'ěrbīn	*name of a city*
16. 沈阳	Shěnyáng	*name of a city*
17. 大连	Dàlián	*name of a city*
18. 四季	sìjì	four seasons
19. 重庆	Chóngqìng	*name of a city*
20. 新疆	Xīnjiāng	*name of an autonomous region*
21. 盛开	shèngkāi	to bloom
22. 呼啸	hūxiào	to howl
23. 暴雨	bàoyǔ	rain storm
24. 雪雕	xuědiāo	snow sculpture

第八课　谈天气
Lesson 8　Talking about the weather

中国文化点滴
（Chinese culture snack）

　　中国的气候有两个重要的特点：第一是大陆性季风气候，第二是复杂多变。

　　中国大部分地区春、夏、秋、冬四季分明。冬天大部分地区寒冷而干燥，南北温差很大。常常最北边的城市哈尔滨冰天雪地，气温零下二三十度，而最南边的海南省省会海口却鲜花盛开，气温零上二十多度。

　　夏天很多地区炎热而潮湿，大部分地区降雨较多，雨量从西北部向东部、南部逐渐增加。春天北方风沙较大，南方多雨而潮湿，但秋天全国秋高气爽，是旅游的最好季节。

第九课　在饭店

Lesson 9 In the restaurant

课文（一）
Text 1

王　文：都十二点半了，该吃饭了。
Wáng Wén：Dōu shí'èr diǎn bàn le, gāi chī fàn le.

李美英：是啊，我也饿了。
Lǐ Měiyīng：Shì a, wǒ yě è le.

王　文：你想吃什么？中国菜还是韩国菜？
Wáng Wén：Nǐ xiǎng chī shénme? Zhōngguócài háishì Hánguócài?

李美英：吃中国菜吧，我好久没吃了。
Lǐ Měiyīng：Chī Zhōngguócài ba, wǒ hǎojiǔ méi chī le.

王　文：好主意！
Wáng Wén：Hǎo zhúyi!

第九课　　在饭店
Lesson 9　　In the restaurant

李美英：　学校　西边　的 饭店 菜 的 味道 不错，咱们　去
Lǐ Měiyīng：Xuéxiào　xībian　de fàndiàn cài de wèidao búcuò, zánmen qù

那儿 吧！
nàr ba!

王　文：　好，我 请 客。
Wáng Wén：Hǎo, wǒ qǐng kè.

李美英：　我们　先　用　手机 订座，晚了 可能　就 没 位子 了。
Lǐ Měiyīng：Wǒmen xiān yòng shǒujī dìng zuò, wǎnle kěnéng jiù méi wèizi le.

王　文：　没 位子 了，咱们　就 在 家里 叫 外卖。
Wáng Wén：Méi wèizi le, zánmen jiù zài jiā li jiào wàimài.

生词 New words

1.	饭店	fàndiàn	restaurant
2.	都	dōu	already
3.	吃饭	chī fàn	have a dinner
4.	饿	è	hungry
5.	吃	chī	to eat
6.	菜	cài	dish
7.	好久	hǎojiǔ	quite a while
8.	主意	zhúyi	idea
9.	味道	wèidao	taste
10.	咱们	zánmen	we
11.	请客	qǐng kè	invite sb. to dinner
12.	可能	kěnéng	maybe
13.	订座	dìng zuò	reserve a seat

14. 位子	wèizi	seat
15. 叫	jiào	to order
16. 外卖	wàimài	takeout

注释 Notes

一、语言要点 （Grammar points）

1."都"

表示时间,有"已经"的意思。如：

"都" means "already". For example：

(1) 饭都凉了,快吃吧。（Fàn dōu liáng le, kuài chī ba. The food is getting cold, please help yourself.）

(2) 都 20 岁了,应该自己照顾自己了。（Dōu èrshí suì le, yīnggāi zìjǐ zhàogu zìjǐ le. You are already 20, you ought to look after yourself.）

(3) 都八点了,该上课了。（Dōu bā diǎn le, gāi shàng kè le. It is already 8 o'clock. It's time for class.）

(4) 都春天了,你怎么还穿这么多?（Dōu chūntiān le, nǐ zěnme hái chuān zhème duō? It is spring now. Why do you put so many on?）

2."好主意"

好的想法。如：

"好主意" means "good idea". For example：

(1) 这真是个好主意！（Zhè zhēn shì ge hǎo zhúyi! That's a good idea.）

(2) 他想出了一个好主意。（Tā xiǎngchūle yí ge hǎo zhúyi. He had a good idea.）

第九课 在饭店
Lesson 9 In the restaurant

(3) 有什么好主意请说出来。(Yǒu shénme hǎo zhúyi qǐng shuō chulai. Please speak your mind out.)

(4) 你快想想有什么好主意没有。(Nǐ kuài xiǎngxiang yǒu shénme hǎo zhúyi méiyǒu. Do you have any ideas?)

3. "我请客"

意思是"我请你吃饭,我付钱"。如:

It means "I'll treat you, I'll pay the bill". For example：

(1) 今天看电影我请客。(Jīntiān kàn diànyǐng wǒ qǐng kè. Today I'll invite you to see this film.)

(2) 今天我请客,请大家吃北京烤鸭。(Jīntiān wǒ qǐng kè, qǐng dàjiā chī Běijīng kǎoyā. Today I'll invite you all to eat Peking Roast Duck.)

(3) 不管谁请客,都叫上小王。(Bùguǎn shuí qǐng kè, dōu jiàoshang Xiǎo Wáng. No matter who treats, Xiao Wang must be invited.)

(4) 上次是我请的客,这次该你请了。(Shàng cì shì wǒ qǐng de kè, zhè cì gāi nǐ qǐng le. Last time is on me, it is your turn to pay the bill.)

二、相似说法 (The similar expressions)

我请客

我请你 我付账 我买单 我付钱

口语练习 Speaking exercises

一、用正确的语调朗读下面的句子

(Read the following sentences in correct intonation loudly)

1. 你想吃什么？中国菜还是韩国菜？
2. 我好久没吃了。

3. 学校西边的饭店菜的味道不错，咱们去那儿吧！

4. 我们先用手机订座，晚了可能就没位子了。

二、替换练习　（Substitution drills）

1. 都十二点半了，该吃饭了。　　2. 该吃饭了。

| 九点 |
| 冬天 |
| 中午 |
| 这么晚 |

| 休息 |
| 下雪 |
| 睡觉 |
| 回来 |

| 睡觉 |
| 上课 |
| 走 |
| 散步 |

3. 你想吃什么？　　　　　　　4. 你想吃中国菜还是韩国菜？

| 做 |
| 干 |
| 玩儿 |
| 买 |

| 吃包子 |
| 喝啤酒 |
| 去北京 |
| 叫外卖 |

| 吃面条儿 |
| 喝茶 |
| 去上海 |
| 去饭店 |

三、回答问题　（Answer the following questions）

1. 你吃过中国菜吗？

2. 你觉得中国菜好吃吗？

3. 你请你的朋友吃过饭吗？

4. 你喜欢去饭店还是叫外卖？

四、用所给的词语完成对话

（Complete the following dialogues with the given words）

1. 男：你想吃什么？

　　女：_____。（中国菜）

2. 男：我们一起去吃饭吧。

　　女：_____？（是……还是……）

第九课　　在饭店
Lesson 9　In the restaurant

3. 男：你想喝点儿什么？
   女：_____。（啤酒）

4. 男：你觉得这个菜怎么样？
   女：_____。（味道）

五、填空　（Fill in the blanks）

1. 小张，我_____了，去_____饭吧？
2. 附近有一家小饭店，菜的_____不错，咱们去尝尝吧。
3. 我想去吃_____菜，你呢？
4. 我饿了，我想用手机_____。

六、谈谈你们国家饭店的情况和菜的特点
（Discuss the restaurant and the food in your country）

听力练习 Listening exercises

一、听录音，找出你听到的词语　（Listen and underline the words you heard）

1. A. 中国菜　　B. 法国菜　　C. 日本菜　　D. 韩国菜
2. A. 赶快　　　B. 现在　　　C. 待会儿　　D. 马上
3. A. 家　　　　B. 个　　　　C. 大　　　　D. 座
4. A. 手里　　　B. 订座　　　C. 外卖　　　D. 外面

二、听录音，回答问题　（Listen and answer the following questions）

1. 田中和谁一起去吃饭？
2. 他们去哪儿吃饭？
3. 他们为什么到那儿吃饭？

4.那个饭店的菜是什么味儿的？

三、听录音，选择正确答案　(Listen and choose the right answers)

　　1.大卫请哪个国家的朋友去喝酒？
　　　A.日本　　　B.德国　　　C.中国　　　D.美国

　　2.朋友喜欢喝什么？
　　　A.红茶　　　B.啤酒　　　C.咖啡　　　D.酒

　　3.大卫喜欢喝什么？
　　　A.红茶　　　B.啤酒　　　C.咖啡　　　D.酒

　　4.他们为什么没有喝酒？
　　　A.大卫不喜欢　　　　　　B.没有酒
　　　C.没有咖啡　　　　　　　D.朋友不喜欢

四、听录音，填空　(Listen and fill in the blanks)

　　1.杰克有两个_____，一个朋友是_____，一个朋友是美国人。
　　2.中国朋友喜欢吃_____。
　　3.美国朋友喜欢吃_____。
　　4.他们经常在一起_____，但很少在一起_____。

五、听录音，判断正误
　　(True or false based on the following statements you listened)

　　1.杰克一点儿都不饿。（　　）
　　2.杰克吃了一头牛。（　　）
　　3.杰克觉得吃什么都可以。（　　）
　　4.小王想吃中国菜。（　　）

第九课　在饭店
Lesson 9　In the restaurant

9

六、听录音,整理句子　(Listen and put the following sentences in order)

① 再来两盘饺子
② 你吃什么
③ 我吃蔬菜
④ 我吃豆腐
⑤ 我们来一个豆腐,一个蔬菜

_____

课文(二)
Text 2

服务员：欢迎光临,您几位?
彼　得：两位。
服务员：这边请,这是菜单。
安　妮：你点吧,我对中国菜不太了解。
彼　得：我也不怎么熟悉。哎,服务员,你们这儿有什么特色菜吗?

服务员：我们最有名的就是北京烤鸭，你们尝尝吧。

安　妮：好，来个北京烤鸭，(问彼得)你喜欢吃什么？

彼　得：我最喜欢吃海鲜，这儿的海鲜怎么样？

服务员：我们这儿的海鲜都是新鲜的，而且价格也不贵。

彼　得：(指菜单)这个看起来不错，就要这个吧。

安　妮：有蔬菜吗？

服务员：什么菜都有，您想吃什么？

安　妮：随便，绿的就行。

服务员：那就要个香菇菜心吧，颜色好，味道也好。

安　妮：好吧。

服务员：二位来点儿什么酒水？

彼　得：两瓶啤酒。

安　妮：好，就这些吧。

服务员：请稍等。

生词 New words

1. 菜单	càidān	menu
2. 点	diǎn	to order
3. 了解	liǎojiě	to understand
4. 熟悉	shúxi	be familiar with
5. 特色	tèsè	characteristic
6. 有名	yǒumíng	famous
7. 烤鸭	kǎoyā	roast duck

第九课　　在饭店
Lesson 9　In the restaurant

8. 蔬菜	shūcài	vegetable
9. 香菇	xiānggū	mushroom
10. 酒水	jiǔshuǐ	alcohol and drink
11. 啤酒	píjiǔ	beer

注释 Notes

一、语言要点　（Grammar points）

1. "点菜"

"点"意思是挑、选择。如：

(1) 你点菜吧。

(2) 我点了一个菜。

(3) 这是小王点的菜。

(4) 别点太贵的菜。

2. "不怎么……"

意思是"不太……"。如：

(1) 今天天气不怎么好。

(2) 他的汉语不怎么流利。

(3) 这个菜不怎么好吃。

(4) 这件事我不怎么了解。

3. "来"

表示做某一行为动作,代替原义具体的动词。如：

来杯酒　来个面包　来一斤苹果

这件事我来！

4. "……就行"

也可以说"……就可以"。如:

(1)衣服穿着舒服就行。

(2)菜好吃就行。

(3)和他说汉语就行,他能听懂。

(4)八点钟在校门口等我就行。

二、相似说法　（The similar expressions）

1. 我对中国菜不太了解。

(1)我不太了解中国菜。

(2)中国菜我知道得不多。

2. 你们这儿有什么特色菜吗?

(1)你们这儿什么菜最有名?

(2)你们做什么菜最好?

3. 来个北京烤鸭。

(1)要个北京烤鸭。

(2)上个北京烤鸭。

4. 请稍等。

(1)请稍候。

(2)请等一下。

(3)请稍等一会儿。

第九课　　在饭店
Lesson 9　In the restaurant

口语练习 Speaking exercises

一、用正确的语调朗读下面的句子
（Read the following sentences in correct intonation loudly）

1. 我们最有名的就是北京烤鸭。
2. 我最喜欢吃海鲜，这儿的海鲜怎么样？
3. 我们这儿的海鲜都是新鲜的，而且价格也不贵。
4. 颜色好，味道也好。

二、替换练习　（Substitution drills）

1. 我对中国菜不太了解。

| 日本菜 |
| 中国文化 |
| 中国历史 |
| 这个班的同学 |

2. 我不怎么熟悉。

这本书	有意思
她	漂亮
小王学习	好
今天的天气	热

3. 这里什么蔬菜都有。

图书馆	书	有
他	东西	喜欢
小王	饭菜	不吃
杰克	饮料	不喝

三、回答问题　（Answer the following questions）

1. 你最喜欢吃什么中国菜？
2. 中国菜跟你们国家的菜有什么不同？

3. 你来中国后去什么地方吃过饭?

4. 你觉得中国菜怎么样?

四、用所给的词语完成对话

(Complete the following dialogues with the given words)

1. 男:我很喜欢吃海鲜。
   女:_____,再来个蔬菜。(点)

2. 男:今天的晚会怎么样?你玩儿得高兴吗?
   女:_____。(不怎么)

3. 男:你喜欢吃什么样的菜?
   女:_____。(就行)

4. 男:你想要点儿什么?
   女:_____。(来)

五、填空 (Fill in the blanks)

1. 我刚来中国,对中国的情况_____了解。
2. 你们饭店有什么_____菜吗?
3. 我们饭店_____菜都_____,你想吃什么都可以。
4. 二位想_____点儿什么酒水?

六、谈谈你喜欢吃的中国菜和它们的特点

(Discuss the Chinese dish you like)

第九课　　在饭店
Lesson 9　In the restaurant

9

听力练习 Listening exercises

一、听录音，找出你听到的词语
(Listen and underline the words you heard)

1. A. 午饭　　　B. 早饭　　　C. 晚饭　　　D. 点心
2. A. 咖啡　　　B. 菜　　　　C. 汤　　　　D. 酒
3. A. 中餐　　　B. 西餐　　　C. 早餐　　　D. 午餐
4. A. 馒头　　　B. 包子　　　C. 面条儿　　D. 花卷儿
5. A. 北京烤鸭　B. 北京的烤鸭　C. 肯德基　D. 广东烧鸡

二、听录音，回答问题　(Listen and answer the following questions)

1. 大卫是哪国人？
2. 大卫来中国多长时间了？
3. 大卫喜欢去各地旅行吗？
4. 刚开始大卫觉得中国菜怎么样？
5. 现在，他觉得中国菜怎么样？

三、听录音，选择正确答案　(Listen and choose the right answers)

1. 以前在中国，去饭店吃饭时，常常会看到什么情景？
   A. 没有人付账　　　　　　B. 几个人抢着付账
   C. 各付各的账　　　　　　D. 大家都白吃

2. 为什么中国人不喜欢"各点各的菜，各付各的账"？
   A. 因为请客的人有钱
   B. 因为请客的人有面子
   C. 因为朋友之间不好意思分得太清
   D. 因为谁都不想花钱

3. 以前在中国,去饭店吃饭时,人们一般怎么付账?
　　A. 各付各的账　　　　　　B. 一个人付钱
　　C. 大家请客　　　　　　　D. 谁都不少花钱

4. "谁都不白吃"中"白吃"是什么意思?
　　A. 吃白色的菜　　　　　　B. 吃饭不付钱
　　C. 把菜都吃完了　　　　　D. 少花钱

5. "谁都不少花钱"这句话是什么意思?
　　A. 谁都不想花钱　　　　　B. 谁都花不少钱
　　C. 每个人都想少花钱　　　D. 每个人花的钱都差不多

四、听录音,填空　**(Listen and fill in the blanks)**

1. 欢迎_____,请这边走。
2. 我要一杯_____,你呢?
3. 我要一杯_____吧,加_____,不加_____。
4. 我再要一包_____和两块_____。
5. 我再来一包_____吧。

五、听录音,判断正误

　　(True or false based on the following statements you listened)

1. 杰克常常不知道什么时候是白天,什么时候是黑夜。(　　)
2. 杰克常常到半夜了,还想吃饭,他太喜欢吃饭了。(　　)
3. 杰克常常叫外卖。(　　)
4. 小王常常来照顾杰克。(　　)
5. 杰克最喜欢广东汤。(　　)

第九课　在饭店
Lesson 9　In the restaurant

六、听录音，整理句子（Listen and put the following sentences in order）

① 您来点儿什么
② 我已经订过位子了
③ 请您稍等
④ 不要加奶，我要清咖
⑤ 您订的桌子在那边
⑥ 咖啡要不要加奶
⑦ 我想来一块蛋糕，一杯咖啡

_____

课文（三）Text 3

玛丽：这北京烤鸭真好吃，肥而不腻，难怪这么有名呢！
马克：真是名不虚传啊！趁现在有机会，真应该多吃几次。
玛丽：说的是。嗯，这海鲜做得也挺地道的，味道好，还新鲜，快吃！

马克：这家饭店生意这么火,看来菜做得是真的不错,而且服务也好。

玛丽：是啊,真没想到在这儿也能吃到这么好吃的菜,要不怎么说中国菜有名呢。

马克：对,中国人是很讲究吃的,他们说"民以食为天",就是说吃是最重要的,而且由于中国地方大,物产也丰富,所以还形成了不同的菜系呢！不同的菜系有不同的特点。

玛丽：你举个例子说说。

马克：比如说,我们吃的北京烤鸭起源于山东,属于鲁菜；还有川菜,就是四川风味的菜,比较辣；另外,还有粤菜、淮扬菜什么的。

玛丽：我发现中国菜不但好吃,而且样子也很好看。

马克：就是,中国菜讲究的是色、香、味俱全,也就是说,既要好看,又要好吃,有名的厨师做出来的菜简直就像艺术品,让人不忍心吃掉。

玛丽：但是中国菜好像不太注重营养。

马克：那是以前了。现在,随着社会的进步,人们越来越注重这方面的问题了。

玛丽：这么说来,中国菜以后会越变越好了。

马克：那是当然。来,干杯！

玛丽：干杯！

第九课　　在饭店
Lesson 9　In the restaurant

生词 New words

1.	肥而不腻	féi ér bú nì	be fat but not oily
2.	难怪	nánguài	no wonder
3.	名不虚传	míngbùxūchuán	have a well-deserved reputation
4.	趁	chèn	while
5.	地道	dìdao	genuine
6.	讲究	jiǎngjiu	pay attention to
7.	重要	zhòngyào	important
8.	由于	yóuyú	because of
9.	物产	wùchǎn	products
10.	形成	xíngchéng	to form
11.	举例	jǔ lì	give an example
12.	比如	bǐrú	for example
13.	起源	qǐyuán	to originate
14.	鲁菜	Lǔcài	Shandong cuisine
15.	辣	là	hot
16.	粤菜	Yuècài	Guangdong cuisine
17.	淮扬菜	Huáiyángcài	Huaiyang cuisine
18.	俱全	jùquán	complete in all varieties
19.	厨师	chúshī	cook
20.	简直	jiǎnzhí	simply
21.	艺术品	yìshùpǐn	art work
22.	不忍心	bù rěnxīn	cannot bear
23.	随着	suízhe	along with
24.	方面	fāngmiàn	aspect

注释 Notes

一、语言要点 （Grammar points）

1. "难怪"

   表示明白了原因，不再感到奇怪。如：

   (1) 你有急事啊，难怪这么着急呢！

   (2) 甲：这几天天气不好，要下雪了。
   　　乙：难怪这么冷。

   (3) 难怪他没来上课，原来是病了。

2. "趁"

   表示利用某种机会或条件做某事。如：

   (1) 趁我们还有时间，快点儿做作业吧！

   (2) 趁他们还没来，你快休息一下吧！

   (3) 趁今天下午不上课，多睡一会儿。

   (4) 趁年轻多学些知识。

3. "讲究"

   意思是比较重视某一方面。如：

   (1) 他很讲究吃。

   (2) 他对衣服的品牌特别讲究。

   (3) 学汉语要讲究学习方法。

4. "不但……而且……"

   后一小句的意思比前一小句更进一步。如：

   (1) 他不但学习好，而且工作也很好。

   (2) 小王不但学习英文，而且还学习法文。

第九课　在饭店　　Lesson 9　In the restaurant

　　(3)他不但会做中国菜,而且会做法国菜。

5."简直"

　　强调完全如此,或差不多如此,带有夸张语气。如:

　　(1)这个菜简直没法儿吃。

　　(2)屋里热得简直待不下去。

　　(3)你说得简直太对了。

　　(4)他的汉语简直棒极了。

6."随着"

　　常见说法是"随着 A,B……"表示 A 变化,B 也跟着变化。如:

　　(1)随着年龄的增长,孩子越来越成熟了。

　　(2)随着汉语水平的提高,三木对中国的了解也越来越深了。

　　(3)随着经济的不断发展,人民的生活水平不断提高。

　　(4)语言总是随着社会的发展而发展。

7."越……越……"

　　　表示程度随着条件的发展而发展,另外也说"越来越……",表示随着时间而发展。如:

　　(1)他越走越快。

　　(2)天气越来越冷了,人们的衣服也越穿越多了。

　　(3)他做的菜越来越好吃。

　　(4)他的汉语越说越好,越来越像一个中国人了。

二、相似说法　(The similar expression)

　难怪这么有名呢!
　怪不得这么有名呢!

口语练习 Speaking exercises

一、用正确的语调朗读下面的句子

(**Read the following sentences in correct intonation loudly**)

1. 真没想到在这儿也能吃到这么好吃的菜。
2. 我发现中国菜不但好吃，而且样子也很好看。
3. 中国菜讲究的是色、香、味俱全，也就是说，既要好看，又要好吃。
4. 随着社会的进步，人们越来越注重这方面的问题了。

二、替换练习 (**Substitution drills**)

1. 难怪这么<u>有名</u>呢！

冷
有意思
热闹
瘦

2. 不同的<u>菜系</u>有不同的<u>特点</u>。

人	看法
学生	特点
季节	天气
人	爱好

3. <u>中国菜</u>不但<u>好吃</u>，而且样子<u>也很好看</u>。

这件衣服	便宜	也舒服
他	努力	聪明
小王	会说日语	会说法语
这首歌	好听	好唱

第九课　　在饭店
Lesson 9　　In the restaurant

4.中国菜越变越好！

他	跑	慢
安妮的汉语	学	好
人们的生活	过	好
他	学	喜欢

三、回答问题　(Answer the following questions)

1.你会做菜吗？你做菜做得怎么样？

2.你经常去饭店吃饭吗？你觉得中国的饭店怎么样？

3.对中国饭店的情况你有什么看法？

4.你觉得中国的饭菜有什么特点？

四、用所给的词语完成对话

(Complete the following dialogues with the given words)

1.男：你今天怎么没去上课呀？

　女：_____，所以今天不能去上课。（由于）

2.男：他的汉语说得怎么样？

　女：_____。（越来越……）

3.男：你觉得我刚才说得好不好？

　女：_____。（简直）

4.男：中国的历史你熟悉吗？

　女：我_____。（对……熟悉）

五、填空　(Fill in the blanks)

1.这个菜这么好吃，_____这么有名呢！

2._____现在有时间，多玩儿一会儿吧。

3.这家饭店的生意真_____。

4. 中国人是很_____吃的，他们说："民___食___天。"

5. 我发现小王_____学习努力，_____工作也不错。

听力练习 Listening exercises

一、听录音,找出你听到的词语　(Listen and underline the words you heard)

1. A. 买　　　　B. 卖　　　　C. 有　　　　D. 吃

2. A. 既……又……　　　　B. 有……有……
   C. 又……有……　　　　D. 又……又……

3. A. 难怪　　　B. 怪不得　　　C. 奇怪　　　D. 不怪

二、听录音,回答问题　(Listen and answer the following questions)

1. 大卫称自己是什么?
2. 川菜有什么特点?
3. 大卫喜欢吃粤菜和北京菜吗?
4. 大卫觉得上海菜和杭州菜怎么样?
5. 为什么说大卫是个"美食家"?

三、听录音,选择正确答案　(Listen and choose the right answers)

1. "民以食为天"是什么意思?
   A. 吃的饭是上天给的
   B. 农民靠天吃饭
   C. 吃饭在人们生活中是最重要的事
   D. 人们每天都得吃饭

第九课　　在饭店
Lesson 9　In the restaurant

2."四川菜"最大的特色是什么？
　A.辣　　　　　　　　　　B.每道菜味道不一样
　C.调料很多　　　　　　　D.用料讲究

3.广东菜怎么样？
　A.比较辣　　　　　　　　B.不如上海菜清淡
　C.比较清淡　　　　　　　D.原料比较少

4.广东人觉得什么对身体最好？
　A.肉　　　B.青菜　　　C.酱油　　　D.汤

5.上海菜常用什么调料？
　A.醋　　　B.酱油和麻油　　　C.辣椒　　　D.盐

四、听录音，填空　(Listen and fill in the blanks)

1.这地方真_____,挺_____的,你怎么找到的？
2.我不太_____这儿都有什么。
3.我就来杯咖啡吧，再来个_____。对了，咖啡要加_____。
4.我要一杯_____和一块_____。
5.这儿还有_____冰激凌，你不想尝尝吗？
6.这儿有好喝的_____吗？

五、听录音，判断正误

(True or false based on the following statements you listened)

1.小张还不太饿。(　　)
2.小王跟小张一起去吃早饭。(　　)
3.天很晚了，谁都不饿了。(　　)
4.小张想等工作做完后再去吃饭。(　　)
5.他们去吃日本饭了。(　　)

6. 小张想吃两个包子,一盘饺子。(　　　)

7. 饭店的汤做得很不好喝。(　　　)

8. 他们要了一个蕃茄鸡蛋汤,因为做这个汤快。(　　　)

六、听录音,整理句子　(Listen and put the following sentences in order)

① 您就喝点儿山西汾酒吧

② 什么酒都有

③ 汾酒好喝吗

④ 您要什么下酒菜

⑤ 你这儿有什么酒

⑥ 我喝酒从来不吃菜

⑦ 除了茅台,还有什么别的好酒

⑧ 您尝尝就知道了

补充生词		
(Supplementary new words)		
1. 休息	xiūxi	have a rest
2. 散步	sàn bù	go for a walk
3. 包子	bāozi	steamed stuffed bun
4. 啤酒	píjiǔ	beer
5. 喝	hē	to drink
6. 茶	chá	tea
7. 马上	mǎshàng	at once
8. 赶快	gǎnkuài	to hurry
9. 餐厅	cāntīng	restaurant
10. 德国	Déguó	Germany

第九课　在饭店
Lesson 9　In the restaurant

11. 酒	jiǔ	alcohol
12. 肯德基	Kěndéjī	KFC
13. 盘	pán	dish
14. 饺子	jiǎozi	dumpling
15. 蔬菜	shūcài	vegetable
16. 豆腐	dòufu	bean curd
17. 西餐	xīcān	Western-style food
18. 油腻	yóunì	oily
19. 薯条	shǔtiáo	potato chips
20. 爆米花	bàomǐhuā	popcorn
21. 美食家	měishíjiā	gourmet
22. 烹调	pēngtiáo	to cook
23. 调料	tiáoliào	seasoning
24. 麻油	máyóu	sesame oil
25. 汉堡	hànbǎo	hamburger
26. 草莓	cǎoméi	strawberry
27. 汾酒	Fénjiǔ	Shanxi Liquor

中国文化点滴
（Chinese culture snack）

　　中国饭菜花样繁多，味道鲜美，深受国内外人士的欢迎。因中国地域广大，各地气候条件不同，所以各地的饭菜也有很大的不同。一般广东人爱吃生鲜；江浙一带的人爱吃甜的，做菜时常常放糖；山西人做菜少不了醋。

　　最有特色、历史最悠久、影响最大的是四大菜系。它们分别是山东的鲁菜，四川的川菜，江苏的淮扬菜和广东的粤菜。它们在烹饪原料的选择、制作的方法等方面都形成了一套完整的体系，各有各的独特风味。

第十课　包饺子

Lesson 10　Making dumplings

课文 (一)
Text 1

（在　厨房）
(Zài chúfáng)

马　克：你们 俩 干 什么 呢？
Mǎkè： Nǐmen liǎ gàn shénme ne?

智　子：包 饺子呢。
Zhìzǐ： Bāo jiǎozi ne.

李美英：进来 看看 吧。
Lǐ Měiyīng：Jìnlai kànkan ba.

马　克：好啊。我 最喜欢 吃 饺子了。怎么 做 啊？难 不 难？
Mǎkè： Hǎo a. Wǒ zuì xǐhuan chī jiǎozi le. Zěnme zuò a? Nán bu nán?

智　子：　不太　难。
Zhìzǐ：　Bú tài nán.

李美英：　你看，这是 皮儿，这是 馅儿。
Lǐ Měiyīng：Nǐ kàn，zhè shì　pír，　zhè shì xiànr．

马　克：　怎么　包啊？
Mǎkè：　Zěnme bāo a？

智　子：　馅儿 放在　皮儿里，两 边 一 包 就 行 了。
Zhìzǐ：　Xiànr fàngzài　pír li，liǎng biān yì bāo jiù xíng le．

马　克：　挺　有意思的。
Mǎkè：　Tǐng yǒu yìsi de．

生词 New words

1.	俩	liǎ	two
2.	包	bāo	to wrap
3.	饺子	jiǎozi	dumpling
4.	进来	jìnlai	come in
5.	看	kàn	to look
6.	喜欢	xǐhuan	to like
7.	做	zuò	to cook
8.	难	nán	difficult
9.	皮儿	pír	skin; wrapper
10.	馅儿	xiànr	filling; stuffing
11.	边	biān	side
12.	有意思	yǒu yìsi	interesting

第十课　包饺子
Lesson 10　Making dumplings

注释 Notes

一、语言要点　（Grammar points）

"包饺子呢。"

助词"呢"用在陈述句末尾，表示动作正在进行。如：

"呢" is a particle at the end of a statement sentence, indicating the continuity of the action. For example：

（1）甲：你干什么呢？（Nǐ gàn shénme ne?　What are you doing?）

乙：做作业呢。（Zuò zuòyè ne.　I am doing my homework.）

（2）甲：小王做什么呢？（Xiǎo Wáng zuò shénme ne?　What is Xiao Wang doing?）

乙：听音乐呢。（Tīng yīnyuè ne.　He is listening to music.）

（3）甲：你写什么呢？（Nǐ xiě shénme ne?　What are you writing?）

乙：我正写汉字呢。（Wǒ zhèng xiě Hànzì ne.　I am writing Chinese characters.）

（4）甲：妈妈在洗什么呢？（Māma zài xǐ shénme ne?　What is mother washing?）

乙：她在给弟弟洗衣服呢。（Tā zài gěi dìdi xǐ yīfu ne.　She is washing clothes for my younger brother.）

二、相似说法　（The similar expressions）

1. 包饺子呢。

（1）在包饺子呢。

（2）正在包饺子呢。

（3）包着饺子呢。

2. 两边一包就行了。

(1) 两边一捏就行了。

(2) 把两边捏在一起就行了。

口语练习 Speaking exercises

一、用正确的语调朗读下面的句子

(Read the following sentences in correct intonation loudly)

1. 你们俩干什么呢?

2. 包饺子呢。

3. 我最喜欢吃饺子了。

4. 馅儿放在皮儿里。

5. 两边一包就行了。

二、替换练习 (Substitution drills)

1. 我们<u>包饺子</u>呢。

| 听音乐 |
| 做中国菜 |
| 做练习 |
| 写汉字 |

2. 我最喜欢吃<u>饺子</u>了。

| 包子 |
| 米饭 |
| 西餐 |
| 中国菜 |

3. 馅儿放在皮儿里。

锅	灶	上
面粉	盆儿	里
筷子	碗	上边
书	桌子	上面

第十课　　包饺子
Lesson 10　Making dumplings

三、回答问题　(Answer the following questions)

1. 你喜欢中国饭菜吗?
2. 在你吃过的中国饭菜中,你最喜欢的是什么?
3. 你觉得饺子怎么样?

四、用所给的词语完成对话
(Complete the following dialogues with the given words)

1. 男:你做什么呢?
   女:_____。(呢)

2. 男:安妮做什么呢?
   女:_____。(呢)

3. 男:你喜欢吃什么?
   女:_____。(饺子)

4. 男:_____?(怎么)
   女:馅儿放在皮儿里,两边一包就行了。

五、看图说话　(Tell a story based on the following picture)

六、复述所学的课文　(Retell the text)

七、说出一种中国菜名,再说说它的味道　(Tell a Chinese dish and its taste)

听力练习 Listening exercises

一、听录音，回答问题 （Listen and answer the following questions）
   1. 这是哪国菜？
   2. 这个菜叫什么名字？

二、听录音，选择正确的句子 （Listen and choose the right sentences）
   1. A. 智子的妈妈做的菜比智子做的好吃
      B. 智子做的菜比妈妈做的好吃

   2. A. 小王的爸爸做的菜更好吃
      B. 小王的妈妈做的菜更好吃

三、听录音，选择正确的句子 （Listen and choose the right sentences）
   1. A. 中国人不喜欢饺子   B. 中国人喜欢吃饺子
      C. 中国人喜欢包子

   2. A. 四川菜里没有辣椒   B. 四川菜不辣
      C. 四川菜是辣的

   3. A. 田中和王老师在洗菜   B. 大卫和王老师在洗菜
      C. 大卫和田中在洗菜

四、听录音，判断正误
  （True or false based on the following statements you listened）
   1. 他们昨天包了饺子。（   ）
   2. 馅儿放在皮儿里，两边一包就可以了。（   ）
   3. 包饺子没有意思。（   ）

第十课　包饺子
Lesson 10　Making dumplings

10

五、听录音,回答问题 (Listen and answer the following questions)
1. 这个菜叫什么名字?
2. 做这个菜先放盐还是先放糖?
3. 这个菜里有香油吗?

六、听录音,填空 (Listen and fill in the blanks)
1. 我学会了包_____。我觉得_____太难。
2. _____上面放馅儿,两边一_____就_____了。

课文（二） Text 2

(在活动室)

大　卫：今天下午有什么活动?

李美英：学习包饺子,材料和厨具都准备好了。

大　卫：哎呀,我差点儿忘了。

李美英：饺子是中国传统食品之一，特别是在北方，过年过节，迎送客人，都少不了饺子。

大　卫：我从来没包过，学得会吗？

李美英：看起来容易做起来难哪！

老　师：难倒不难，多练几次就会了。

李美英：老师怎么做，我们就怎么做。

老　师：先和好面，再调好馅儿，把馅儿放到皮儿上，两边包起来或两手捏一下就行了。

大　卫：我怎么也包不好。

老　师：别着急，慢慢儿来。

生词 New words

1. 活动　　　huódòng　　　activity
2. 材料　　　cáiliào　　　material
3. 厨具　　　chújù　　　　kitchen utensils
4. 传统　　　chuántǒng　　traditional
5. 食品　　　shípǐn　　　　food
6. 北方　　　běifāng　　　north
7. 过年　　　guò nián　　　celebrate the New Year
8. 过节　　　guò jié　　　celebrate a festival
9. 迎　　　　yíng　　　　　to welcome
10. 送　　　sòng　　　　　send off
11. 客人　　kèrén　　　　　guest

第十课　　包饺子

Lesson 10　Making dumplings

12. 和面	huó miàn	knead dough
13. 调	tiáo	to mix
14. 捏	niē	knead with the fingers

注释 Notes

一、语言要点 （Grammar points）

1. "是……之一"

   表示同类人或事物中的一个。如：

   (1) 苹果是我最喜欢的水果之一。

   (2) 熊猫是世界上珍贵的动物之一。

   (3) 女：你天天踢足球，这是你的爱好吧？

   　　男：我的爱好很多，踢足球是我喜欢的运动之一。

   (4) 男：你知道鲁迅先生吗？

   　　女：当然，他是中国著名文学家之一。

2. "少不了"

   意思是不能缺少。后面常有宾语。如：

   (1) 做辣的菜少不了辣椒。

   (2) 马丁踢足球踢得很好，足球比赛少不了他。

   (3) 男：学习汉语少不了汉语词典，你去买了吗？

   　　女：还没去，明天去买。

3. "看起来容易做起来难哪！"

   "看起来……""吃起来……""穿起来……"等，表示着眼于某一方面。如：

   (1) 这件衣服看起来不太好看，可穿起来很舒服。

   (2) 这种苹果看起来不怎么样，吃起来倒不错。

   (3) 做一件事，说起来容易，做起来可不一定容易。

4."难倒不难"

"A倒不A",前一小句表示让步,常在后一小句中用"就是……""不过……""可……"等表示转折。如:

(1)甲:这件衣服不贵,买了吧。

乙:这件衣服贵倒不贵,就是有点儿大。

(2)甲:今天很冷吗?

乙:冷倒不冷,不过风有点儿大。

(3)甲:今天不忙,我们去公园好吗?

乙:忙倒不忙,可我有点儿不舒服,以后再去吧。

5."慢慢儿来"

常用于劝别人。意思是"不要着急"。如:

(1)男:我上课听不懂,怎么办?

女:别着急,慢慢儿来,学习时间长了就听懂了。

(2)男:我感冒了,不能去上课了,真着急。

女:别着急,吃点儿药,休息休息就好了。学习汉语得慢慢儿来,一两天不上课没关系。

(3)男:我的病怎么还不好?

女:慢慢儿来,多休息休息就好了。

二、相似说法 (The similar expressions)

1.今天下午有什么活动?

(1)今天下午的活动做什么?

(2)今天下午搞什么活动?

(3)今天下午是什么活动?

第十课　　包饺子
Lesson 10　Making dumplings

2. 差点儿忘了。
   (1) 差点儿没忘。
   (2) 差点儿没记住。
   (3) 差点儿忘到后脑勺去了。
   (4) 差点儿忘到九霄云外去了。

3. 过年过节,迎送客人,都少不了饺子。
   (1) 过年过节,迎送客人,都不能少了饺子。
   (2) 过年过节,迎送客人,饺子都不可少。
   (3) 过年过节,迎送客人,饺子都少不了。
   (4) 过年过节,迎送客人,都离不开饺子。

4. 看起来容易做起来难!
   (1) 看着容易做起来难!
   (2) 看容易,做难!

5. 老师怎么做,我们就怎么做。
   (1) 老师怎么教,我们就怎么学。
   (2) 老师怎么做,我们就照着做。
   (3) 我们照着老师的样儿做。
   (4) 我们按着老师的样儿做。

6. 把馅儿放到皮儿上。
   (1) 把馅儿放在皮儿上。
   (2) 皮儿上放馅儿。
   (3) 馅儿放在皮儿上。

7.我怎么也包不好。
　　(1)我怎么包也包不好。
　　(2)我包也包不好。

口语练习 Speaking exercises

一、用正确的语调朗读下面的句子
　　(Read the following sentences in correct intonation loudly)

1.哎呀,我差点儿忘了。
2.看起来容易做起来难哪!
3.老师怎么做,我们就怎么做。
4.别着急,慢慢儿来。

二、替换练习　(Substitution drills)

1.饺子是中国传统食品之一。　　2.难倒不难,多练几次就会了。

汉语	我喜欢的语言
香蕉	我最爱吃的水果
跑步	他每天做的运动
北京	我最想去的地方

贵	不贵	就是有点儿小
好玩儿	好玩儿	不过人太多
热	不热	但是有点儿潮
漂亮	很漂亮	可我穿着有点儿大

三、回答问题　(Answer the following questions)

1.你吃过中国菜吗?你最喜欢的中国菜是什么?
2.你吃过饺子吗?馅儿里都有什么?
3.你们国家有什么传统食品?
4.在你们国家迎送亲人、客人一般都吃什么?
5.介绍一个你会做的中国菜或家乡菜。

第十课　　包饺子
Lesson 10　Making dumplings

四、用所给的词语完成对话

(Complete the following dialogues with the given words)

1. 男：明天下午参观，你知道吗？
   女：_____。（差点儿）

2. 男：昨天的考试，你考得怎么样？
   女：_____。（差点儿）

3. 男：你喜欢什么运动？
   女：_____。（是……之一）

4. 男：这个电影好看吗？
   女：_____。（……倒……）

五、看图，用所给的词语填空

(Fill in the blanks with the given words based on the picture)

（长长，绿绿，蔬菜，凉菜）

这是黄瓜。它_____，_____，_____。中国人常用它做_____。

六、说出两种中国菜的名称,并说说它们的味道
（Tell two Chinese dishes and their taste）

听力练习 Listening exercises

一、听录音,回答问题 （Listen and answer the following questions）

1. 这道菜需要什么材料?
2. 这道菜叫什么名字?

二、听录音,选择正确的句子 （Listen and choose the right sentences）

1. A. 田中觉得学习汉语,发音最难
   B. 田中认为语法、发音都难,但最难的是语法

2. A. 大卫是美国人,他觉得汉字最难
   B. 美国学生觉得汉语最难

三、听录音,选择正确的句子 （Listen and choose the right sentences）

1. A. 大卫忙着写论文,不想看足球比赛
   B. 大卫想看足球比赛,但没有时间
   C. 田中抽不出空儿请大卫看足球比赛

2. A. 如果有了困难,就喝咖啡想办法
   B. 很困的时候,喝咖啡、茶或散步
   C. 想睡觉时不要喝咖啡、茶

四、听录音,判断正误
（True or false based on the following statements you listened）

1. 我忘了今天下午有活动。(　　)

第十课　　包饺子
Lesson 10　Making dumplings

2. 我不知道怎么跳舞。（　　）

3. 弟弟比哥哥高。（　　）

4. 这个音很难发,努力学也发不好这个音。（　　）

五、听录音,回答问题　（**Listen and answer the following questions**）

1. 做这个菜的材料是什么?

2. 找一找听到的词语:

　　炒　拌　先　简单　一块　然后　再　一个

　　一次　一会儿　蛋

六、听录音,填空　（**Listen and fill in the blanks**）

1. _____切成丝儿,用_____洗一下。

2. 锅里放_____,放葱,再放入土豆丝儿_____几下。

3. 放一点儿_____和_____;最后放一点儿_____。

课文（三）
Text 3

马克:老师,您好! 给您添麻烦来了。

老师:哪儿的话。登门学习,欢迎啊!

玛丽:老师拿手的饺子比饭店做的好多了,今天我们俩非学好不可!

马克:说不定回国后还可以开个饺子馆儿呢!

老师:这饺子好不好吃,一来在于馅儿,二来在于皮儿。馅儿要

239

调好，皮儿最好手擀。

马克：我们俩边看边学吧。

老师：我先说说皮儿的做法：先将水倒进面粉里，和成面团，一会儿，再将面团搓成条儿，做成剂子，用擀面棍儿擀几下就做成了。

玛丽：早就听说数擀皮儿最难，我试试。哟，怎么擀成长条儿了？

马克：你呀，看我的。

玛丽：你别吹了，看，还不如我呢！

老师：慢慢儿来，多练练就好了。怎么调馅儿呢？先在肉末里放点儿水拌一下，然后依次放进料酒、酱油、盐、葱末、姜末，再拌一下，最后把切碎的蔬菜放进去，倒点儿香油，再多拌一会儿，注意，要按同一方向拌。

马克：嘿，真香！

玛丽：不错不错，香极了！

老师：包时把馅儿放到皮儿中间，把两边包好，也可以用捏的方式，两手同时捏，包起来很快。

马克：哟，窄窄的边儿，大大的肚子，怪好看的。

玛丽：我也来试试。

老师：注意要包紧，不然一煮就破了。

第十课　包饺子
Lesson 10　Making dumplings

生词 New words

1. 登门　　dēng mén　　　　call at sb.'s house
2. 拿手　　náshǒu　　　　　be good at
3. 说不定　shuōbudìng　　　perhaps
4. 开　　　kāi　　　　　　　to open
5. 擀　　　gǎn　　　　　　　to roll
6. 剂子　　jìzi　　　　　　　bolus
7. 擀面棍儿　gǎnmiàngùnr　　rollpin
8. 数　　　shǔ　　　　　　　to be reckoned as exceptionally
9. 吹　　　chuī　　　　　　　to brag；to boast
10. 按　　　àn　　　　　　　to press；to push down
11. 料酒　　liàojiǔ　　　　　cooking wine
12. 酱油　　jiàngyóu　　　　soy
13. 盐　　　yán　　　　　　　salt
14. 葱末　　cōngmò　　　　　Chinese onion powder
15. 姜末　　jiāngmò　　　　ginger powder
16. 香油　　xiāngyóu　　　　sesame oil
17. 拌　　　bàn　　　　　　　to mix
18. 窄　　　zhǎi　　　　　　　narrow
19. 紧　　　jǐn　　　　　　　close
20. 煮　　　zhǔ　　　　　　　to cook；to boil
21. 破　　　pò　　　　　　　broken

注释 Notes

一、语言要点 （Grammar points）

1. "哪儿的话。"

"哪儿的话"在对话中常表示否定。如：

（1）男：你是日本人吧？

女：哪儿的话，我是韩国人。

（2）男：今天是星期五，有课。

女：哪儿的话，今天是星期六，不上课。

（3）男：这件衣服很贵吧？

女：哪儿的话，一点儿都不贵。

2. "怎么……"

疑问代词任指用法，"怎么"后常用"也""都"，前面也可以和"不论、无论、不管"一起用。如：

（1）刚来中国时，怎么也听不懂中国人说的话。

（2）他的名字我忘了，怎么也想不起来。

（3）电视坏了，怎么修都修不好。

（4）"ch"这个音真难，无论怎么发也发不好。

"怎么……怎么……"前后呼应，表示条件关系。如：

（1）男：我想坐火车去北京，坐飞机太贵了。

女：你想怎么去就怎么去，坐火车也不错。

（2）男：这个音我发不好，怎么办？

女：我怎么念你怎么念，多念几遍就会了。

（3）男：这个菜怎么做呀？

女：我现在做，我怎么做你怎么做，学一学就会了。

第十课　　包饺子
Lesson 10　Making dumplings

3. "从来没……过"

表示从过去到现在一直没……。如：

(1)我从来没看过熊猫。

(2)来中国后,他身体很好,从来没感冒过。

(3)我们从来没包过饺子,这是第一次。

4. "窄窄的边儿,大大的肚子,怪好看的。"

"窄窄、大大",单音节形容词重叠后,常用于修饰后边的名词,用于对事物进行描写。如：

高高的个子　红红的小脸　亮亮的眼睛　白白的牙齿

5. "不然一煮就破了。"

"不然"意思是"如果不这样""否则",引进表结果或结论的小句。如：

(1)快走吧,不然就迟到了。

(2)你给妈妈打个电话吧,不然她会担心的。

(3)今天冷,你多穿点儿衣服,不然会感冒的。

二、相似说法　(The similar expressions)

1. 我们非学好不可！

(1)我们不学好不成！

(2)我们一定要学好！

(3)我们非学成！

2. 这饺子好不好吃,……

(1)这饺子好吃与否,……

(2)这饺子是否好吃,……

(3)这饺子好吃不好吃,……

3. **饺子好不好吃，一来在于馅儿，二来在于皮儿。**
    (1)饺子好不好吃，一看馅儿，二看皮儿。
    (2)饺子好不好吃，一方面在馅儿，另一方面在皮儿。
    (3)饺子好不好吃，一则在于馅儿，二则在于皮儿。

4. **数擀皮儿最难。**
    (1)最难的是擀皮儿。
    (2)擀皮儿是最难的。

5. **还不如我呢！**
    (1)还比不上我呢！
    (2)比我还不如呢！
    (3)比我还差呢！
    (4)还没我好呢！
    (5)也不比我强！

6. **要按同一方向拌。**
    (1)要照同一方向拌。
    (2)要一个方向拌。
    (3)要顺一个方向拌。
    (4)不要来回拌。

7. **窄窄的边儿，大大的肚子，怪好看的。**
    (1)窄边大肚子，怪好看的。
    (2)边儿窄窄的，肚子大大的，怪好看的。

8. **不然一煮就破了。**
    (1)要不然一煮就破了。
    (2)要不一煮就破了。
    (3)否则一煮就漏馅儿了。

第十课　包饺子
Lesson 10　Making dumplings

口语练习 Speaking exercises

一、用正确的语调朗读下面的句子

（Read the following sentences in correct intonation loudly）

1. 哪儿的话。登门学习，欢迎啊。
2. 说不定回国后还可以开个饺子馆儿呢。
3. 我们俩非学好不可。
4. 听说数擀皮儿最难。
5. 窄窄的边儿，大大的肚子，怪好看的。

二、替换练习　（Substitution drills）

1. 数<u>擀皮儿</u>最<u>难</u>。

做饭	麻烦
听音乐	有意思
踢足球	累
吃面条儿	简单

2. 窄窄的边儿，大大的肚子，怪好看的。

大大	眼睛	高高	鼻子	漂亮
清清	水	绿绿	山	美
黑黑	天	静静	街道	可怕
呼呼	风	白白	雪	冷

3. 要<u>包紧</u>,不然<u>一煮就破了</u>。

穿多点儿	一冻就感冒
看清楚	一答就错了
拿住	一动就掉了
站稳	一挤就倒了

三、回答问题　（Answer the following questions）

1. 你吃过饺子吗？是什么馅儿的？
2. 你们国家有什么传统食品？
3. 你认为饭菜做得好吃不好吃,是什么决定的？
4. 你想学做中国菜吗？打算怎么学习？
5. 说出几个你知道的中国饭菜的名字。
6. 中国菜有什么特点？

四、用所给的词语完成对话

（Complete the following dialogues with the given words）

1. 男：＿＿＿＿＿＿＿＿＿＿＿＿。（怎么也……不……）
   女：我帮你写吧。

2. 男：你的车修好了吗？
   女：＿＿＿＿＿＿＿＿＿＿＿＿。（非……不可）

3. 男：你觉得汉语什么最难？
   女：＿＿＿＿＿＿＿＿＿＿＿＿。（数）

4. 男：我们班谁的汉语最好？
   女：＿＿＿＿＿＿＿＿＿＿＿＿。（数）

第十课　包饺子
Lesson 10　Making dumplings

5. 男：明天是早七点的飞机，_____。（不然）
   女：我一定早点儿起床。

6. 男：他们那儿气温低，_____。（怪……的）
   女：我多带点儿衣服。

五、说出四个中国菜名,并介绍一下它们的味道
（Tell four Chinese dishes and their taste）

听力练习 Listening exercises

一、听录音,回答问题　（Listen and answer the following questions）
  1. 今天是星期几？女的怎么来晚了？
  2. 他们担心去晚了会耽误什么事儿？

二、听录音,选择正确的句子　（Listen and choose the right sentences）
  1. A. 这道菜叫西红柿炒鸡蛋
     B. 这道菜叫鸡蛋炒西红柿

  2. A. 先炒鸡蛋,再把西红柿放进去炒
     B. 先炒西红柿,再把鸡蛋放进去炒

  3. A. 最后放点儿盐、葱、姜
     B. 最后放点儿盐和糖

  4. A. 这菜的特点是色、香、味俱全
     B. 这菜的特点是味香,好吃

247

三、听录音,选择正确的句子 (Listen and choose the right sentences)

1. A. 我第一次来中国是为学汉语,第二次来是旅游
   B. 我两次来中国留学、旅游
   C. 我来中国有两个目的,一是留学,二是旅游

2. A. 衣服要穿上才知道是否好看
   B. 有的衣服看和穿都不错
   C. 买衣服要好好儿看看

3. A. 去机场应提前两个小时出发,免得赶不上飞机
   B. 离机场太远了,来不及了
   C. 还有两个小时,来得及

四、听录音,判断正误

(True or false based on the following statements you listened)

1. 他一定要去上海,我一定要去北京。(　　)
2. 中国名胜古迹最多的是北京。(　　)
3. 考试的事儿由学校决定。(　　)
4. 安娜来中国前去过北京。(　　)
5. 慢慢儿地努力才能减肥,太快了不行。(　　)

五、听录音,回答问题 (Listen and answer the following questions)

1. 这个菜叫什么名字?
2. 这个菜主要的材料是什么?
3. 这个菜是什么味道的?

六、听录音,填空 (Listen and fill in the blanks)

　　把豆芽_____干净,把葱切成_____,蒜切成末儿。在锅里_____点儿油,油热后把葱丝儿和蒜末儿放_____,再把豆

第十课　包饺子
Lesson 10　Making dumplings

芽倒进去炒，还要_____点儿醋，放点儿盐，这道菜就_____了。它的名字叫"素炒豆芽儿"。请你_____吧！

补充生词
（Supplementary new words）

1.	锅	guō	pot
2.	灶	zào	stove
3.	面粉	miànfěn	wheat flour
4.	盆	pén	basin
5.	筷子	kuàizi	chopsticks
6.	碗	wǎn	bowl
7.	麻婆豆腐	mápó dòufu	Mapo tofu (a Sichuan dish)
8.	辣椒	làjiāo	pepper
9.	洗	xǐ	to wash
10.	糖	táng	sugar
11.	醋	cù	vinegar
12.	萝卜	luóbo	radish
13.	丝儿	sīr	slivers; silkiness
14.	盐	yán	salt
15.	香油	xiāngyóu	sesame oil
16.	炒	chǎo	stir-fry
17.	末儿	mòr	minced

中国文化点滴
（Chinese culture snack）

饺子是中国的传统食品之一，特别是北方人十分喜欢。逢年过节迎送亲人、客人时常常吃饺子。俗语说："送行的饺子迎客的面。"表达了人们的一种美好的祝愿。饺子有多种，著名的"饺子宴"有上百种。按馅儿不同，有三鲜水饺、牛肉水饺、羊肉水饺、鱼肉水饺和素饺等。按做法不同，有水饺、蒸饺等。中国的饺子也普遍受到外国人的欢迎。

听力录音文本

Recording script

第一课　互相介绍

课　文（一）

一、听录音，快速回答问题

1. 我姓王。
2. 我叫王兰。
3. 他叫中村。
4. 他是日本人。

二、听录音，找出你听到的词语

1. 安妮是英国人。
2. 她叫李美英。
3. 认识你很高兴。

三、听录音，回答问题

　　我叫山本，是日本人。她叫朴智顺，是韩国人。认识她我很高兴。

四、听录音，判断正误

　　我叫安妮，是英国人。他叫中村，是日本人。

五、听录音，选择正确答案

　　女1：我叫安妮，是英国人。你叫什么？

女2:我叫李美英,是韩国人。

女1:你是短期班的留学生吗?

女2:是的。

课 文(二)

一、听录音,快速回答问题

　1. 我从日本来。

　2. 我叫朴智顺。

　3. 我住在二号楼。

二、听录音,找出你听到的词语

　1. 我来中国三年了。

　2. 他姓王,是中文系的学生。

　3. 我想提高口语水平。

三、听录音,回答问题

　　我和玛丽是短期班的学生。玛丽的汉语说得很好,我说得不太好。来中国前我只学了三个月汉语。

四、听录音,判断正误

　　苏珊是汉语短期班的学生,她从美国来。她到中国学习汉语,想提高一下口语水平。

五、听录音,选择正确答案

　男:请问,你是中文系的学生吗?

　女:是的。你是……

　男:我叫大卫,是短期班的留学生。我想跟你练习口语,行吗?

　女:当然可以。星期六晚上你来吧,我们一起聊天儿。我住在8号楼,我叫李丽。

六、听录音,复述内容

男:请问,你贵姓?

女:我姓山田,叫山田花子。你呢?

男:我叫张立,是中文系一年级的学生。

女:很高兴认识你,我是短期班的留学生。

男:你的口语挺不错的。

女:谢谢,我说得还不太好,还得继续努力。

男:有空儿到中文系找我聊聊天儿吧!

女:好,有空儿我一定去。

课 文(三)

一、听录音,快速回答问题

1. 我们是短期班的学生。

2. 留学生们很高兴。

3. 我在美国学了一个月汉语。

二、听录音,找出你听到的词语

1. 我来自我介绍一下。

2. 介绍一下,这位就是我的朋友山姆。

3. 时间不早了,我得走了。再见!

4. 你的口语挺流利的。

三、听录音,回答问题

男:我叫杰夫,美国人。我想和你认识一下。你的口语挺流利的。

女:我叫山口,是第二次来中国。我在日本学了三年汉语。

男:三年!我才学了四个月。你学了三年,为什么还要来短期班呢?

女:我想提高一下口语水平。在中国学汉语,环境好,对提高口语能力有好处。

男:你说得很对。

四、听录音,判断正误

　　小川在日本学了半年汉语,这次他到中国学习汉语,想提高听力和口语水平。他是第一次来中国,心里既高兴又担心。

五、听录音,选择正确答案

　　男:安妮,你在英国学了多长时间汉语?
　　女:六个月。你呢?
　　男:我在日本学了一年半。
　　女:山本,你的口语挺流利的。
　　男:谢谢。
　　女:我的口语和听力都不太好,我想努力学习。
　　男:我们一起努力学习吧。

六、听录音,复述内容

　　男:我来自我介绍一下,我叫马克,是英国人。
　　女:我叫李贞玉,韩国人。认识你很高兴。
　　男:你是第一次来中国吗?
　　女:这是第二次。去年来过一次,在北京大学学了半年。今年我想在短期班提高一下口语水平。
　　男:我是第一次来中国,我对东方文化很感兴趣。
　　女:你的汉语说得不错。
　　男:谢谢。

第二课　谈家庭

课　文(一)

一、听录音,快速回答问题

　　1. 安妮在给妈妈发微信。
　　2. 我家有爸爸、妈妈、哥哥、姐姐和我,一共五口人。

3. 小王家共四口人:爸爸、妈妈、弟弟和他。

4. 我在给爷爷奶奶发微信。

二、听录音,找出你听到的词语

1. 他家一共有六口人。

2. 我爸爸是医生。

3. 小王的哥哥是老师。

三、听录音,回答问题

玛丽家共有四口人,爸爸是医生,妈妈是老师,弟弟上学,玛丽在中国学习汉语。

四、听录音,判断正误

我爸爸是工人,他工作很努力,大家都很喜欢他。

五、听录音,选择正确答案

你看,这边读书的是我妈妈,那边发微信的是弟弟,他在给爸爸发微信呢!

六、听录音,复述内容

我叫玛丽,是英国人,今年二十六岁。今天我休息,我想给家里发微信。我家有四口人:爸爸、妈妈、弟弟和我。我爸爸是医生,妈妈是老师,弟弟现在在英国学习汉语,我在中国学习汉语。汉语很有意思,我很喜欢。

课 文(二)

一、听录音,快速回答问题

1. 你看,这是我全家的照片儿!

2. 我爸爸是一个外科医生。

3. 玛丽的哥哥是一个很帅的小伙子。

二、听录音,找出你听到的词语

1. 你妈妈肯定很漂亮。

2. 爸爸和弟弟来了。

3. 你看,站在这边的是我。

4. 这只小狗真可爱!

三、听录音,回答问题

瞧!这是我家的照片儿——全家福。前边坐着的是爷爷奶奶,后面中间站着的是我爸我妈,爸爸的旁边是妹妹,妈妈的旁边是我。

四、听录音,判断正误

我家是个大家庭,有爷爷奶奶、爸爸妈妈、叔叔,还有我和两个弟弟,共八口人。我爷爷奶奶都退休了,现在每天在家看看书,打打太极拳,跳跳舞什么的。我爸爸是律师,在一家律师事务所工作。妈妈在公司工作。叔叔是个警察,每天工作非常辛苦。我的大弟弟很帅,小弟弟很可爱。生活在这样的家庭里,我觉得很幸福。

五、听录音,选择正确答案

男:小王,你去哪儿?

女:我去商场。

男:这么晚了还去,什么事儿这么着急?

女:我姐姐明天结婚,我和弟弟都没有准备礼物,现在,我得赶紧去买两份礼物!

男:那你赶快去吧。

六、听录音,复述内容

男:我家一共四口人,爸爸、妈妈、奶奶和我。你呢?

女:我家有三口人。爸爸是工程师,妈妈是医生,我是学生。

男:我爸爸是书店营业员,妈妈是商场服务员。他们每天都挺忙的。

女:你奶奶做什么呢?

男:奶奶在家里,不工作。

课 文(三)

一、听录音,快速回答问题

1. 小王的哥哥是一个很帅的小伙子。
2. 爸爸的父亲叫"爷爷",爸爸的母亲叫"奶奶"。
3. 妈妈的父亲叫"姥爷",也叫"外公";妈妈的母亲叫"姥姥",也叫"外婆"。
4. 哥哥的妻子叫"嫂子",姐姐的丈夫叫"姐夫"。
5. 王文是个很聪明的学生。

二、听录音,找出你听到的词语

1. 李医生昨天去岳父家了。
2. 小王的公公病了,她很着急。
3. 我嫂子在英国留学。
4. 爸爸的兄弟姐妹怎么称呼呢?

三、听录音,回答问题

(一)

昨天,我和美国的姑姑发微信聊天儿,她说最近要带着她的儿子来北京玩儿,还说,她很想念她的哥哥和嫂子。

(二)

我离开家自己生活已经二十年了,已经很久没有回过家乡了。我很想念远在家乡的父母,还有我的伯伯、叔叔、哥哥、姐姐们。以前每到过年过节的时候,我都要给他们打电话,或者发 E-mail,现在我们经常用微信聊天儿。我觉得虽然相距遥远,但有了手机和微信,大家就像生活在一起一样。

四、听录音,判断正误

我很爱我的家人,其中最喜欢我的妈妈。我妈妈为人非常正直,而且非常善良。我爸爸也很了不起,他是一个足球教练。我的妹妹很可爱,她上小学三年级。还有贝克,又白又胖,帅极了!不过,你知道吗?贝克是一只小狗。

五、听录音,选择正确答案

我哥哥是北京市的交通警察,每天早出晚归,嫂子是医院的护士。我姐姐是中学教师,姐夫是牙科医生。他们的工作都很忙。

六、听录音,整理句子

我的叔叔在国外工作,他很想我们。他跟爸爸说,想要一张全家的照片儿。这不,今天我们全家照了一张全家福,用微信给叔叔发过去了。

七、听录音,复述内容

你知道吗?田中的家是个大家庭,总共有七口人。爷爷奶奶已经退休了。田中的爸爸做贸易工作,每天很忙。妈妈是幼儿园的老师,她非常喜欢孩子。田中的姐姐是研究生,弟弟是高中生。田中现在正在中国学习汉语,是短期班的学生。

第三课 问 路

课 文(一)

一、听录音,找出你听到的词语

1. 他的右边是日本朋友。
2. 宿舍在食堂的对面。
3. 学校的右边是一个邮局。
4. 708路汽车在学校的前边。

二、听录音,画图

邮局离学校不太远,出了学校往左走,到了丁字路口往右拐,马路北边是一个咖啡店,咖啡店的旁边是超市,超市的后边就是邮局。

三、听录音,回答问题

大卫的朋友是中国人,他住在学校旁边,去他家不用坐车,出了学校大门一直往前走,再往西拐就是。

四、听录音,判断正误

去火车站从这儿一直往西走,到第三个路口往南拐,马路右边就是。

五、听录音,选择正确答案

年轻人:大爷,请问,去火车站怎么走?
老年人:往前走,马路右边就是。
年轻人:远不远?
老年人:不太远,走十分钟就到了。
年轻人:谢谢您。
老年人:不用谢。

六、听录音,填空

我家就在前面那条路上,从这儿一直往西走,过了十字路口,路北有一个医院,医院后边就是。

七、听录音,复述内容

安妮想去火车站,可她不知道坐几路车。杰夫说,坐1路汽车或5路电车都可以。1路和5路车站就在前边。

课文(二)

一、听录音,找出你听到的词语

1. 我旁边没有人。
2. 文科楼的东边是办公楼。
3. 学校的后边有一个超市。
4. 校门口的右边是一个邮局。

二、听录音,画路线图

我女儿住在学校教师公寓。你出了这条胡同,一直往北走,再往右拐,有条南北向的大马路。你顺着马路再往北走不远,有个大超市。超市西边有个大门,你进了门左手第二座楼,西数第一个门,三楼右手就是我女儿家。

三、听录音,回答问题

　　田中要去书店,他问一位老先生:"这条路可以到书店吗?"老先生说:"可以,过了十字路口一直往前走就是。"田中又问去大明商店坐几路车,在哪儿下车。老先生说:"你过了马路,坐 402,在大明商店下就行。"田中说:"太谢谢您了。"老先生说:"不客气。"

四、听录音,判断正误

　　要去购物中心,骑车最方便。要是想坐车的话,得在校门口坐 202 路电车,坐到头儿,再倒 701 路汽车,坐四站,下了车再往回走两分钟,有个新华书店,购物中心就在新华书店楼上。

五、听录音,选择正确答案

　　我们学校在黄河路的北边。学校比较大,有两个校园。马路北边有一个校园,马路南边还有一个校园。北边校园有个小操场,操场北边是办公楼,操场南边有个幼儿园,操场东北边是图书馆,操场西北边是校医院,医院的后边是学生食堂。

六、听录音,填空

女:喂,大卫,我今天下午有空儿,我想去你那儿玩儿玩儿。

男:欢迎欢迎,我今天下午正好没课。

女:你那儿在什么地方? 上次是晚上去的,我没记住。

男:你进了校门一直往北走,走到头儿往左拐,再走十几米往右拐。拐过来,路左边是一个图书馆,右边是一片草地。你就顺着那条路一直走到头儿就是。

女:我试试吧。不行,到了校门口我给你打电话,你出来接我。

男:好吧,没问题。

七、听录音,整理句子

　　北京是中国的首都。老北京是一个方方正正的城市。老北京的胡同很多,大部分的胡同和大街不是南北方向就是东西方向,排列得整整齐齐。现在随着城市现代化的发展,北京城的布局也发生了很大的变化。

课 文(三)

一、听录音,画图

这是我们学校的平面图。一进大门往前走二十多米,路西有一个大操场。路东有五座教师宿舍楼。大操场的斜对面,也就是宿舍楼旁边是校医院。校医院楼的北边是学校办公大楼,办公楼西边是图书馆,图书馆的西北边是教学楼,教学楼的东北边是学生宿舍。

二、听录音,回答问题

老人:今天天气不错,我想去看看老朋友,我们已经好几年没见了。

儿子:您的老朋友住在什么地方?

老人:他上次来电话告诉我,他住在城东,四川路金华街金鱼胡同128号。我坐几路车能去那儿啊?

儿子:噢,金鱼胡同我去过,我的一个小学同学也住在那儿。您坐8路电车在大连路下,再倒27路汽车,坐三站四川路下就行。下车后往回走一点儿,有一座立交桥。在立交桥下往左拐,再一直往前走,走不远有一条南北向的小马路就是金华街。街口左边的第一条胡同就是金鱼胡同。128号可能在胡同中间。挺好找的。再不行,您打车去吧。

老人:不打车了。我没什么事儿,边走边看慢慢儿找吧。

儿子:那您早点儿回来。

老人:哦,放心吧。

三、听录音,判断正误

1. 电影院南边是一个超市。
2. 教学楼在食堂的南边。
3. 宿舍楼在商店和食堂的中间。
4. 我朋友家在东北路209号。
5. 留学生宿舍在5号楼。
6. 大学的北边有一个幼儿园。
7. 那个学校里边有一个大花园。

8. 操场的对面是一个18层的教学楼。

9. 杰夫房间的旁边就是山本的房间,山本房间的对面是玛丽的房间。

10. 他后边站着的人是他的女朋友。

四、听录音,选择正确答案

我爱人工作很忙。她的工作单位比较远,上下班要一个半小时。出了家门先坐908路到动物园下,再换地铁,坐八站。出了地铁再乘105路电车,坐两站。下车后过马路,向东再走五十米,才是我爱人的单位。大街上人多车多,她每次上班我都要提醒她,过马路一定要小心。

五、听录音,填空

我们公司在五四大街。您从立交桥下一直往南走,到了十字路口往西拐,路北有个书店,书店旁边是个电影院,电影院旁边是一条南北向的大马路。顺着那条马路再往北走不远,有个超市,超市东边有两座八层的大楼,靠超市的那座就是我们公司的楼,我们公司在最上面一层。

六、听录音,整理句子

马克:玛丽,中山广场在什么地方?听说那儿有一家很大的新华书店,我想去看看。

玛丽:噢,我去过几次。你先坐101路电车,在胜利街下车,再换202路汽车,坐三站,在和平路下车。下车走地下通道过马路,再走两三分钟,看见一条马路,往右拐,走不多远就到了。

马克:是到了新华书店,还是到了中山广场?

玛丽:是中山广场。新华书店在广场北面,喷泉后面的那座楼就是。

第四课 买东西(上)

课 文(一)

一、听录音,回答问题

1. 这种大的可乐七块五一瓶,小的五块钱一瓶。

2. 这是十块,找你七块。

3. 男:我要二斤苹果,三斤橘子。

   女:一共二十八块。

   男:给你钱。

   女:正好。

4. 我买了三斤苹果,四斤橘子,还买了两个西瓜,一共花了六十九块。我给他一百块,他找我三十一块。

二、听录音,选择意思相近的说法

1. 小王去商店买了一个笔记本和两支铅笔。
2. 一瓶矿泉水两块八,他买了三瓶。

三、听录音,判断正误

   玛丽在小商店买东西,她买了一瓶酸奶,一瓶可乐,一共二十三块钱。她给售货员一张二十元的,一张五元的,售货员找给她两元。

四、再听一遍第三题的录音,根据录音说一段话,要求用上"买""一共""给""找"

课 文(二)

一、听录音,选择正确答案

1. 这种橘子特别好吃。
2. 荔枝和香蕉各要二斤。
3. 请把那双36号的鞋拿来看看。
4. 可以尝一尝吗?

二、听录音,回答问题

1. 男:这圆珠笔怎么卖?

   女:那不是圆珠笔,那是铅笔,两块五一支。

2. 女:先生,这儿有运动鞋吗?

   男:没有,这是时装店,只卖衣服。对面是鞋店,你去那儿买吧。

3.男:这是鲜牛奶吗?
女:那不是鲜奶,是酸奶。这种酸奶可好喝了!

三、听录音,回答问题
留学生爱迪今天休息,他想去超市随便看看。这里蔬菜、水果真多啊,什么都有,又新鲜又便宜。他想买一点儿水果。他喜欢红苹果,不喜欢绿苹果。售货员让他先尝尝,又让他自己挑。他买了五斤红苹果,准备回去请同学一起吃。

四、听录音,选择意思相近的说法
1.玛丽买的巧克力面包太甜了,她不喜欢。
2.小金买了橘子和香蕉,各买了二斤。

五、听录音,判断正误
男:您来点儿什么?
女:这是什么?
男:这是荔枝,是南方产的一种水果。
女:噢,对了,我喝过荔枝饮料,很甜。
男:对,新鲜的可好吃了。
女:多少钱一个?
男:这不论个,论斤卖,一斤十五块钱。
女:太贵了!
男:不贵,都是这个价钱。
女:我买半斤可以吗?
男:也可以,吃着好再来买。
女:还是买一斤吧。我用微信付款。
男:好的,我扫你。

六、再听一遍第五题的录音,复述内容,要求用上"什么""可……了""多少""可以""付款"

课 文（三）

一、听录音,选择正确答案

1. 请问,可乐怎么卖?
2. 这双鞋稍稍小一点儿。
3. 我不买什么,随便看看。
4. 对不起,白色的鞋卖完了。

二、听录音,回答问题

1. 男:这荔枝十六块一斤,太贵了!能不能便宜点儿?
   女:给你便宜两块吧。
2. 男:你好,我昨天买的鞋不合适,可以换吗?
   女:可以,你这是42的,试试43的吧。
3. 男:这种果汁又便宜又好喝,你买一瓶吧!
   女:我看看,你这果汁快到期了。

三、听录音,回答问题

　　我今年六十岁,刚退休,每天在家给孩子们做饭。菜市场离我家很近,我就在那儿买菜。你看我买了这么多菜:二斤黄瓜、一斤茄子、一斤半菠菜,还有四根胡萝卜。这些菜都很便宜,黄瓜两块一斤,茄子三块五,菠菜四块钱一斤半,这四根胡萝卜是三块钱。你帮我算一算,买这些菜花了多少钱?

四、听录音,选择意思相近的说法

1. 麦克买了五斤香蕉,给售货员二十元,找回来两块五。
2. 我买的鞋颜色不怎么样。
3. 你要是想买,可以便宜点儿。

五、听录音,判断正误

　　这是一家鞋店。一个小伙子进来买鞋。他看了皮鞋和运动鞋,边看边问价钱。他试了好几双,不是大就是小。后来,他好容易找到了一双合适的。这是一双棕色的、系带的皮鞋,样子挺好看的。售货员说这鞋可结实了,八百元一双。他开始讲价,最后,他花了六百八十元钱买了那双鞋。

六、再听一遍第五题的录音,复述内容,要求用上"不是……就是……""合适""挺……的""贵""便宜""最后"等词语

第五课　买东西(下)

课　文(一)

一、听录音,选择正确答案

1. 词典在四楼。
2. 我要那种厚的。
3. 我想买词典。
4. 这词典太好了。

二、听录音,回答问题

1. 男:请问,词典在哪儿卖?
   女:上了三楼往右拐就是。
2. 男:你好,请问,我刚学汉语,买哪种词典好?
   女:最好买这种薄的。

三、听录音,判断正误

　　大卫要买词典和汉语书,售货员告诉他,汉语书在四楼,汉语词典在三楼,薄词典在左边,厚词典在右边。

四、听录音,填空

1. 小王买了一本汉语书和一本汉语词典,一共花了一百五十二元。
2. 大卫去书店三楼买了一本厚的汉英词典。

五、听录音,回答问题

　　玛丽去书店买汉英词典。她到了五楼,那儿有很多词典。她选了很长时间,终于买到了她觉得合适的词典。买完词典,她就回家了。

六、听录音,选择意思相近的说法

1. 你最好买厚的。

2. 你买大的还是买小的?

课 文(二)

一、听录音,选择正确答案

1. 我想买现烤的奶油面包。

2. 牛肉、猪肉、鸡肉、海鲜什么的,我都喜欢,其中最喜欢海鲜。

3. 我想给朋友买一本书。

4. 我想去超市买酸奶。

二、听录音,判断正误

到超市买东西,可以推着购物车,或拿着购物篮自己去选。选好东西后,要到出口的收银台去交钱。超市里什么东西都有,还可以挑。人们很喜欢去那儿买东西,特别是老年人。年轻人工作比较忙,更喜欢网购。

三、听录音,填空

(一)

大卫第一次去超市,他请一个中国朋友当向导。他买了很多面包,有果酱的、巧克力的、奶油的,还有鸡蛋的。

(二)

王文对大卫说:"我给你当向导。这里我很熟,你想买什么就问我吧。"

四、听录音,回答问题

玛丽第一次来中国的超市买东西。进门时,玛丽推了一个购物车去买面包。这里的面包真多啊,什么样的都有,现烤现卖。她买了两个果酱的和一个巧克力的,又拿了三瓶可乐和一包牛肉。她把这些东西放在车上去交款。交款的人很多,她排了半天的队。

五、听录音,选择意思相近的说法

　　1. 请你把钱点一下。

　　2. 什么样的面包都有。

　　3. 你看怎么办?

课 文(三)

一、听录音,选择正确答案

　　1. 这红色的羽绒服多漂亮啊!

　　2. 你就试试大号的吧。

　　3. 他穿这件有点儿瘦。

　　4. 我们店的东西打折了。

二、听录音,判断正误

　　快换季了,很多商店开始大降价,冬天的衣服打五折,有的还打到二折、三折,真便宜啊!这些都是名牌儿产品,什么样的都有。你看,红的、绿的、蓝的、咖啡色的,什么颜色的都有,喜欢什么就可以买什么。买回去以后,要是不合适,还可以回来换。你看,商店里人多多啊!

三、听录音,填空

(一)

　　我看网上说这几天商店衣服大降价。我想买一件蓝色的大衣,当然要又便宜又漂亮的。

(二)

　　昨天我在这儿买的这件大衣稍稍有点儿小,请你给我换一件大一点儿的,好吗?

四、听录音,回答问题

　　玛丽去服装店买衣服,服装店外贴着大广告,上面写着"大降价"。玛丽来到卖羽绒服的地方。这里一排排的羽绒服,什么颜色的都有。她试了一件咖啡色的,售货员说这种最漂亮,可是她觉得有点儿大。售货员说不大,正合适。玛丽想先不买,去别的商店看看,有没有更便宜、更好看的。售货员劝她在这儿买,因为这里的衣服打五折,最便宜。玛丽就在这个服装店买了那件咖啡色的羽绒服。

五、听录音,选择意思相近的说法

1. 这不挺便宜的吗?

2. 喜欢就买吧。

3. 这衣服是不是有点儿长?

第六课　时间

课　文(一)

一、听录音,回答问题

女:大卫,现在几点了?

男:差一刻八点。

女:你们几点上课?

男:八点上课。

女:下午有课吗?

男:没有,不过,今天下午我们要考试。

女:几点考试?

男:两点。

二、听录音,选择正确答案

1. 我每天十二点以后才睡觉。

2. 我妈妈的生日是五月二十二号。

3. 1987年7月我大学毕业了。

4. 今天晚上有晚会,我六点三刻在门口等你。

三、听录音,判断正误

男:电影几点开始?

女：七点半，咱们走吧。

男：急什么？现在才六点四十。

女：坐车到电影院要三十五分钟吧？

男：差不多，那咱们现在该走了。

四、听录音，填空

男：今天几号？

女：今天五月二十五号。

男：今天是不是星期四？

女：不是，今天是星期三。

男：今天下午你有空儿吗？

女：有空儿。你有什么事儿？

男：我们四点去图书馆吧。

女：没问题。

五、听录音，完成对话

男：你们学校什么时候开学？

女：九月一号。

男：今天几号？

女：八月二十八号。

男：一个学期有多长？

女：四个多月。

男：什么时候放寒假？什么时候放暑假？

女：一月放寒假，七月放暑假。

六、听录音，整理句子

山姆来中国一个月了。他每天晚上十二点睡觉，早上六点五十起床。每星期五下午他去商店。这星期日他就回国了。

课 文（二）

一、听录音，回答问题

男：小王，你今天上课怎么来得这么晚呀？

女：唉，我今天早上醒来一看已经七点四十了。

男：你是不是昨天睡得太晚了？

女：就是。我平时十点半睡觉。可昨晚来了一个好朋友，聊天儿聊到十一点多，结果睡觉时都十二点了。

男：那你朋友昨晚没走，住在你家了？

女：是啊，她从外地来这儿出差，我们两三年没见面了。

男：噢，那是得好好儿聊聊。

二、听录音，选择正确答案

1. 我前年7月大学毕业，现在在一个公司工作。

2. 我想星期二晚上跟朋友一起去看电影。

3. 昨天十二月五号，星期二，明天十二月七号，星期四。

4. 今晚的电影七点开始，我早来了半小时。

三、听录音，判断正误

男：喂，你去哪儿啊？

女：我去吃午饭。咱们一起去吧。

男：食堂现在开门了吗？

女：现在十一点二十，早就开门了。从这星期一开始，食堂改时间了，从早上七点一直开到晚上十点，中间不休息。

男：那方便多了，周末也这样吗？

女：周末早上晚开门一个小时，晚上关门也晚一个小时。

男：那今天下午咱们上街逛逛，晚上八九点再回来。反正回来晚了，食堂也开门。

女：好主意。

四、听录音，填空

大卫来中国已经一个半月了，他2018年来过一次中国，这是第二次。那次他只住了两个星期,这次他准备在这儿住半年。他打算先学习四个月汉语,然后到中国各地去旅游,多了解一下中国。他初步决定八月底九月初回国。

五、听录音,完成对话

女:山姆,这星期六晚上咱们班的晚会你可一定要来啊!
男:我倒很想去,但是这次我又不能去了!
女:为什么?上个月你就没来,今天是不是女朋友又过生日?
男:哪儿啊,是我弟弟星期六下午从美国来,我得去机场接他。
女:咱们班每个月办一次晚会,都办了两次了,可你只参加过一次,那这个期末的最后一次你可一定要参加啊。
男:没问题,到时候我肯定参加。

六、听录音,整理句子

我们一家三口每天都很忙。女儿上学最远,起床也最早,每天六点就起床了,晚上七点左右才回来。我和我丈夫在学校工作,上班很近。我每天六点四十准时起床,七点五十去上班,中午十二点十分回家。我丈夫没课的时候白天在家看书,或去图书馆查资料,晚上写文章写到一两点。晚饭后我们常一起去散散步。

七、听录音,复述内容

女:大卫,你刚才去哪儿了?
男:我去安妮那儿聊了一会儿天儿。
女:你看看表,现在都几点了?
男:刚四点半,有什么事儿?
女:你忘了今天是什么日子啦?
男:今天是五月十一日,星期六,对不对?
女:今天不是王文过生日吗?他请我们五点半到他家吃晚饭。
男:真糟糕!我忘了。咱们走吧。
女:可我们还没给他买礼物呢。
男:没关系,他们家旁边就有个大商场,我们去那儿买吧。

课 文(三)

一、听录音,回答问题

女:票买好了,一点半开车。

男:那还得等十五分钟。

女:从这儿到北京要多长时间?

男:差不多六个小时。

女:高铁要多长时间?

男:高铁要两个小时,动车三个小时。我买的是汽车票。

女:可是火车比汽车安全、保险。

男:那也是,火车安全,可是不知有没有票。那就只好坐汽车了。不管怎么样,今天晚上能赶回家了。

女:对,正好可以赶上我妈的六十大寿。

二、听录音,选择正确答案

1. 电影十二点开始,我提前四十分钟就到了,等朋友整整等了一个钟头。
2. 甲:什么时候请他们吃饭?
   乙:星期二、星期三、星期五晚上都没空儿,星期四有空儿,星期四吧。
3. 我昨天睡得太晚了,今天早上睁开眼都已经七点十分了。妈妈说:"你还不快起床,再有一个钟头火车就要开了。"

三、听录音,判断正误

男:你平常几点起床?

女:我平时都是七点,每天八点都有课,不能迟到啊。

男:那星期六、星期天不会这么早起床吧?

女:不行,我姥姥姥爷夏天每天早上五点半,冬天每天早上六点就起来去打太极拳锻炼身体,然后七点回来,顺便把早饭也带回来,他们一回来就把我们都叫起来了。

男:星期六、星期日也是这样?

女:是啊,不管星期几,只要他们一进门我们就得起床。我姥爷说早睡早起身体好,不许我们睡懒觉。那你每天几点起床?
男:平时有课没办法,和你差不多。周末就不一定了,有时八九点,有时十一二点。
女:啊,你也太能睡了吧!

四、听录音,填空

故宫也叫紫禁城,是中国明朝和清朝的皇宫。故宫是1406年开始修建的,1420年建成到现在有600多年的历史了。在明清两代,它是中国封建统治的中心,曾有24个皇帝在这里居住过。

五、听录音,完成对话

男:今天晚上咱们去看电影吧!
女:有什么好电影?
男:听说新上演了一部喜剧片儿,挺不错的。
女:嗯,好吧。等等,今天是星期二对不对?
男:没错,怎么了?
女:糟糕,我不能去,今晚我得去上课。我们老师昨天突然病了,课改在今天晚上了。
男:那咱们明天去吧。
女:明天是星期三,我的一个老同学到大连来出差,我得去车站接他。
男:看样子,咱们只好星期四再看了。
女:星期四正好没事儿,那我们星期四晚上六点半电影院门口见。

六、听录音,整理句子

今天星期六,我本来想睡懒觉,可早上八点半还是被妈妈叫醒了。妈妈说有人送来点儿好吃的,让我起来吃。我不想吃,只想睡觉。昨天晚上我看小说看到凌晨两点半,现在困死了。可妈妈让我起床吃完后,再给爷爷奶奶送点儿。他们住在我家附近。他们生活很有规律,每天晚上十点睡,早上五点起,起床后先烧水泡茶,然后再去公园打四十分钟太极拳,七点十分准时回来,星期天也不例外,所以爷爷的身体好极了,七十多岁的人,看起来就像六十岁。

七、听录音,复述内容

我们清晨4:45来到电视台。首先看昨晚新闻节目的稿子,从中选出一些重要的内容今天重播,然后赶快换衣服。大约5:20最新的新闻发来了,我们立即挑选所需要的内容,把重要的记下来。6:30我们确定所播出的新闻。6:40化妆、吹头发,并利用这段时间记住要播的内容。7:00到办公室看看节目的制作效果。7:15做好录像准备。7:30节目开始正式直播。

第七课　做　客

课　文（一）

一、听录音,选择正确答案

1. 男:安妮,你晚上有空儿吗?
   女:有啊,什么事儿?
2. 男:今天是我生日,我想办个晚会,你能来吗?
   女:好啊,我愿意去。
3. 女:今天下午我有空儿,去看电影怎么样?
   男:好啊,我愿意去。

二、听录音,判断正误

　　大卫说明天是他生日,请我和田中去他宿舍玩儿,我很高兴去。去的时候,我要送他一件小礼物。

三、听录音,找出你所听到的词语

1. 你今天晚上有空儿吗?
2. 我想在宿舍办个生日晚会,你能参加吗?
3. 真的吗？太好了,我愿意去。

四、听录音,整理句子

　　上星期六,一个中国朋友办晚会,请我去参加,我很高兴地去了。我买了很多水果送给他。

课 文(二)

一、听录音,回答问题

1. 男:明天就是新年了,今晚学校里有新年晚会,你参加吗?
   女:那当然了!

2. 女:今天的晚会真有意思,不但认识了很多朋友,而且聊得也很开心。
   男:欢迎你下次再来。

二、听录音,判断正误

　　昨天大卫过生日。他请我和田中六点到他家吃晚饭。没想到路上发生了交通事故,堵了很长时间的车,结果我们晚到了四十分钟。到那儿才发现大家已经都来了,就等我们吃饭呢。耽误了大家的时间,我们感到很不好意思。

三、听录音,找出你听到的词语

1. 你快切蛋糕吧。
2. 今天的晚会真有意思。
3. 明天要是周末就好了。

四、听录音,选择正确答案

彼得:安妮,今天去王老师家做客,咱俩买点儿什么?
安妮:我看还是买些水果吧。
彼得:用不用再买点儿别的?
安妮:不用了吧,我的中国朋友说去别人家做客,买水果就挺合适的。

五、听录音,填空

1. 忙什么?再坐一会儿吧。
2. 可我一点儿也不会包饺子啊。
3. 我看还是买些水果吧,去人家做客买水果挺合适的。

六、听录音,整理句子

　　前几天我学习了包饺子,学完后我练习了好几次,可总觉得没有中国朋友包的好吃。正好王老师今天晚上请我们去她家玩儿,还要一起包饺子,所以晚上我得早点儿去,再好好儿学学,一定要学会包好吃的饺子,说不定回国后还可以开一家饺子馆儿呢。

课 文(三)

一、听录音,选择正确答案

1. 女:我们一起包饺子吧。
   男:太好了,前几天我刚学会包饺子,今天可以实践一下了。
2. 男:快请进,请坐,大家别客气,先吃点儿水果,等会儿我爱人给你们做些好吃的。
   女:别忙了,我们坐一会儿就走。
3. 男1:安妮,时间不早了,我们走吧。
   男2:彼得,你们忙什么?再坐一会儿吧。

二、听录音,判断正误

我是留学生大卫。这学期就要结束了,考完了试,王老师请我和智子去她家做客,智子说买点儿水果带去。到了王老师家,她热情地领我们各个房间转了转,又教我们包饺子。我们聊天儿聊得很高兴。王老师还邀请我们以后再去她家做客。

三、听录音,填空

1. 这间是餐厅,那边是厨房,左边是卧室,右边是书房,那间大的是客厅。
2. 吃完晚饭,聊了一会天儿,他们要告辞了。
3. 女:我们晚饭一起包饺子怎么样?
   男:太好了,前几天,我的中国朋友刚教过我怎么包。

四、听录音,整理句子

前天我的辅导老师请我和安妮一起去他家玩儿。安妮来中国时间不长,这是她第一次去中国人家做客,她非常高兴。听说辅导老师的父亲喜欢喝酒,所以我特意给他带了一瓶酒,安妮买了些水果。辅导老师的母亲是四川人,做四川菜最拿手,她准备了一桌子四川风味的菜,我们都特别喜欢吃。我决定回国前一定要和辅导老师的母亲学做几个拿手菜。

第八课　谈天气

课 文(一)

一、听录音,找出你听到的词语

　　1. 今天阴天,明天有雨。
　　2. 昨天又刮风又下雨。
　　3. 今天外边非常热。
　　4. 昨晚的风真大。

二、听录音,边听边填表

　　北京:阴,风力四五级
　　天津:晴,风力三级
　　上海:多云,风力一二级

三、听录音,回答问题

　　女:大卫,今天热不热?
　　男:热极了,三十二度。
　　女:明天呢?
　　男:明天不太热,下午有雨。
　　女:风大吗?
　　男:风不大。

四、听录音,选择正确答案

　　　今天早上天气很好,不冷不热,风也不大,可下午开始刮大风,一会儿又下起了大雨,而且雨越下越大,下完雨天气凉快多了。

五、听录音,判断正误

　　男:这几天真冷。

女：对,又刮风又下雪。

男：明天还有雪吗?

女：明天没有了。

男：明天有没有大风?

女：上午风不大,下午有大风。

六、听录音,整理句子

昨天太热了,让人觉得很不舒服,晚上下了大雨。今天早上凉快多了。

七、听录音,复述内容

男：今天天气真好!

女：对,又晴又凉快。

男：明天天气怎么样?

女：明天晚上有小雨。

男：明天风大吗?

女：不太大。

课 文(二)

一、听录音,找出你听到的词语

1. 前几天真热,气温都快三十八度了。

2. 傍晚前后有小阵雨。

3. 今天多云,偏西风,风力三到四级。

4. 今天夜里晴转多云,有时有大风。

二、听录音,填表

各位听众,现在播送天气预报：

今天白天少云,风向东北,风力二到三级,最高气温零下三度,最低气温零下六度。

明天白天多云转阴,风向西北风转东南风,风力四到五级,最高气温零下八度,最低气温零下十三度。

三、听录音,回答问题

现在播送中央气象台今天下午六点发布的部分城市天气预报:

北京　　　小雪　　　零下四度到二度
哈尔滨　　大雪　　　零下二十二度到零下十八度
沈阳　　　中雪　　　零下十五度到零下八度

四、听录音,选择正确答案

听说大连的气候四季分明,而且冬天不像沈阳那么冷,夏天也不像北京那么热。春天从三月到五月,秋天从九月到十一月,这时天气不冷不热,非常舒服。

五、听录音,判断正误

男:昨天下了场雨,今天凉快多了。
女:就是。听说这儿以前夏天没有这么热。
男:这个地方不是最热的,还有比这儿更热的地方呢。
女:听说中国有几个地方被称作"火炉"。
男:是哪几个地方？我夏天一定不去那儿旅游。
女:南京、武汉、重庆,还有新疆的吐鲁番,是有名的"四大火炉"。夏天最好去东北旅游,那儿不太热。

六、听录音,整理句子

秋天是旅游的最好季节,天气不冷不热,风也很小,到处鲜花盛开,但秋天一过,冬天马上就来了。冬天北风呼啸,大雪纷飞,路上常常有厚厚的冰雪,给人行走带来了很多不便。

七、听录音,复述内容

男:中国南方、北方气候差别真大啊。
女:就是,别看现在咱们这儿下雪了,可中国南方的一些城市还到处鲜花盛开呢。
男:听说新疆有的地方,一天的气温差别就很大。

女：可不是，温差有二十多度呢。

男：是吗？我要在那儿一定得感冒。

女：寒假快到了，我想去旅行，你说去上海怎么样？

男：我前几年冬天去过一次，那儿没有东北这么冷，但是有点儿潮。不过宾馆里有空调，会好一些。

女：那寒假就去上海看看。

课 文（三）

一、听录音，找出你听到的词语

1. 这儿的气候和我家乡差不多。
2. 要是下雨，我们就不去公园了。
3. 今天到明天北京一带仍然有雾霾。
4. 今天下午有雨，傍晚多云转晴。

二、听录音，填表

听众朋友们，现在播送气象台今天下午五点发布的天气预报。

今天夜间，阴有小雪转大雪，风向北，风力二到三级，最低气温零下八度。明天白天，阴转多云，风向北转南，风力二到三级，最高气温零下五度。明天夜间，多云转阴，局部地区有小雪，风向南转北，风力四五级转三四级，最低气温零下十一度。

预计以后两天的天气，白天多云转阴有雪，风力较大，气温普遍偏低。请大家注意防寒。

三、听录音，回答问题

昨天下午我正在附近的市场买菜，忽然感觉天气闷热闷热的，抬头一看天上，一团灰云正飞快移过来，转眼工夫，豆大的雨点就下来了，而且下得特别猛。狂风中，大雨夹有冰雹，还又打雷又打闪。市场附近的大树被刮断了，广告牌被刮倒了。道路上的雨水汇成了河流，最深的地方到了小腿。

四、听录音，选择正确答案

随着空气污染越来越严重，冬天变得越来越暖和。暖冬给人们的生活带来了很多不利因素。它使温度增高,造成春季干燥、缺水,并且导致病虫害到处都是。暖冬的天气因风小雾霾大给交通和人们的健康带来了很多影响。而且因为暖冬空气干燥,火灾也比以前增多了。

五、听录音,判断正误

男:放了假我打算去东北旅行,那儿可以看雪景,还可以滑雪。

女:可那儿太冷了。

男:昨天我看了天气预报,哈尔滨最高气温零下十二度,最低气温零下二十五度。

女:太可怕了,你肯定要被冻哭的。

男:我才不会哭呢。我买了皮帽、皮靴,还有皮大衣。怎么样?你去不去?

女:我想想。对了,哈尔滨的冰雪艺术节什么时候开幕?

男:听说是每年的一月五号左右,我的一位朋友去过,说天气确实很冷,可雪雕和冰雕特别美。

女:那我也去买几件最暖和的衣服和你一起去吧。

六、听录音,整理句子

观众朋友,现在播送天气预报:

因受冷空气的影响,今天晚上到明天,新疆北部将会出现小到中雪,短时有大风,东北大部分地区会出现中到大雪,南方各省会有四到六级偏北风,并有轻霜冻,全国气温普遍下降八到十二度。请大家注意防寒。

七、听录音,复述内容

男:你听今天的天气预报了吗?

女:我没听,但我看了手机上的天气预报。

男:手机上怎么说?

女:今天白天少云,北风,风力五到六级,午后减弱到四到五级。最高气温零下四度,最低气温零下十一度。

男:记得真够熟的。最近五天的天气预报手机上都能查到吗?

女:能查到。明天后天少云转多云,风力较大,气温偏低,大后天和大大后天多云转阴,有小到中雪,风力较大,气温仍然偏低。

男:噢,明白了,我原打算明天考完试出去旅行的,既然这几天要下雪,那就晚几天再去吧。

第九课　在饭店

课　文（一）

一、听录音,找出你听到的词语

1. 杰克喜欢吃中国菜。
2. 小王饿了,他想马上去吃饭。
3. 附近有一家饭店。
4. 大卫想用手机叫外卖。

二、听录音,回答问题

下课后,田中和大卫一起去学校西边的饭店吃饭。他听说那家饭店菜的味道很不错,是真正的四川风味,很辣。

三、听录音,选择正确答案

大卫请一位中国朋友去喝酒,朋友不喜欢喝酒,他喜欢喝茶,他们就去喝茶。中国朋友喜欢喝红茶,大卫喜欢喝咖啡。

四、听录音,填空

杰克有两个朋友,一个是中国人,一个是美国人。中国朋友喜欢吃肯德基,美国朋友喜欢吃北京烤鸭。他们经常在一起玩儿,但很少在一起吃饭。

五、听录音,判断正误

工作了一天,杰克觉得又累又饿,他饿得都快能吃下一头牛了。可是吃什么呢？现在他觉得吃什么都可以。小王也饿了,他想吃中国菜,杰克高兴地同意了。

六、听录音,整理句子

男:你想吃什么?

女:我喜欢吃豆腐。

男:我不喜欢吃豆腐,我想吃蔬菜。

女:那我们来一个豆腐,一个蔬菜。

男:再来两盘饺子。

女:好的。

课 文(二)

一、听录音,找出你听到的词语

1. 小王想跟朋友去饭店吃晚饭。

2. 今天中午杰克喝了一碗汤。

3. 我的朋友不常常吃西餐。

4. 杰克吃了一个包子和两个饺子。

5. 北京烤鸭真好吃。

二、听录音,回答问题

　　大卫是美国留学生,他来中国已经有两年了。两年中,他去了不少地方,也吃了不少有中国特色的菜。他觉得中国菜虽然很好吃,但有一点儿油腻。刚开始他的确不习惯,但慢慢地,他变得很喜欢吃中国菜了。

三、听录音,选择正确答案

　　以前在中国,去饭店吃饭的时候,你经常会看到几个人抢着付账,因为中国人认为,朋友之间不好意思分得太清,所以如果几个朋友一起吃饭,一般不好意思各点各的菜,各付各的账,往往由一个人付钱,这就叫"请客"。这次你请下次他请,实际上谁都不白吃,谁都不少花钱,而且大家还都有面子。

四、听录音,填空

服务员:你好,欢迎光临,请这边走。

男： 　谢谢。

服务员：二位想来点儿什么？

女：　我要一杯红茶，你呢？

男：　我要一杯咖啡吧，加糖，不加奶。

服务员：好的，请稍等。

女：　杰克，你还要别的吗？

男：　我再要一包薯条和两块蛋糕。

女：　我再来一包爆米花吧。

服务员：好的，马上就来。

五、听录音，判断正误

　　杰克很忙，每天忙得都不知道白天黑夜了，所以他常常忘了吃饭，经常是半夜了，他才想起来还没吃饭呢，可他又不想出去，就只好吃方便面或者叫外卖。小王常来看杰克，给他带点儿好吃的。今天小王给杰克带来了广东汤，这是杰克最喜欢的。

六、听录音，整理句子

男：下午好！

女：下午好！我是史密斯太太，我已经订过位子了。

男：噢，是的，您订了18号桌，在那边。

女：谢谢。

男：请问您来点儿什么？

女：我想来一块鲜奶蛋糕，再要一杯咖啡。

男：加奶还是不加奶？

女：我不喜欢加奶，我要清咖。

男：您还要点儿什么？

女：不要了，谢谢。

男：请您稍等。

课 文（三）

一、听录音，找出你听到的词语

1. 这家饭店里有各种各样的海鲜。
2. 香菇菜心又好吃又好看。
3. 难怪中国菜这么好吃呢！

二、听录音，回答问题

　　大卫是个很喜欢吃的美国人，他称自己是美国的美食家。他吃过很多有地方特色的中国菜。他吃过正宗的川菜，虽然很辣，但他觉得吃起来很痛快。他吃过粤菜，觉得味道太清淡了。他吃过北京菜，认为北京菜有点儿咸。他还吃过上海菜、杭州菜，那些菜不但价格便宜，而且味道又甜又酸，他最喜欢了。他不愧是个"美食家"。

三、听录音，选择正确答案

　　古人说"民以食为天"。饮食文化是汉文化的一个重要方面。因中国地域广阔，各地物产不同，风俗习惯也不一样，所以烹调方法、饮食品种也各不相同。比如说，四川菜最大的特色就是辣。再如广东菜，味道比较清淡，做菜的原料品种繁多，而且广东人还讲究煲汤，他们认为汤对身体最好。再比如上海菜，上海菜没有广东菜味道清淡，每道菜准备的时间也比较长，菜大多用酱油和麻油作调料，所以菜的颜色看起来较重，但由于准备时间较长，所以吃起来味道很好。

四、听录音，填空

男：这地方真不错，挺漂亮的，你怎么找到的？
女：是朋友介绍的，我很喜欢，所以常来。
男：你想吃点儿什么？我不太清楚这儿都有什么。
女：什么都有，你只管点吧。
男：我就来杯咖啡吧，再来个鸡肉汉堡。对了，咖啡要加奶。
女：我要一杯柠檬茶和一块蛋糕。

男:还要别的吗?这儿还有草莓冰激凌,你不想尝尝吗?

女:好吧,来一份吧。

男:这儿有好喝的啤酒吗?

女:啤酒可没有,你想喝我们下次去酒吧喝吧。

男:好,一言为定!

五、听录音,判断正误

男:我说小张,已经八点了,去吃点儿东西怎么样?

女:是小王啊!你饿了吗?

男:这么晚了,谁不饿啊?

女:好吧,可我的工作还没有做完呢。

男:等你做完了,我可能就饿死了,快走吧。

女:那好吧,不过得快点儿。

甲:行,都听你的。

(来到一个餐厅)

女:我看就这儿吧,环境好,人也不多。

男:好吧,你吃什么?

女:我就吃两个包子,一盘饺子。

男:我先来碗面条儿,再来一个包子。

女:喝碗汤吧,这儿的汤还不错。

男:我要个蕃茄鸡蛋汤吧,又好喝又有营养。

六、听录音,整理句子

男:你这儿都有什么酒?

女:什么酒都有,您想喝什么?

男:我想来点儿有中国特色的酒。

女:想不想喝茅台?

男:除了茅台以外,还有什么别的好酒吗?

女:那您尝尝山西的汾酒吧?

男:汾酒好喝吗?

女：好喝，不信您尝一尝。

男：嗯，真的不错。

女：要什么下酒菜吗？

男：我喝酒从来不吃菜。

第十课　包饺子

课　文（一）

一、听录音，回答问题

男：这是什么菜？

女：这是中国菜。

男：这个菜叫什么名字？

女：麻婆豆腐。

二、听录音，选择正确的句子

男：智子，你妈妈做菜一定好吃吧？

女：哪儿啊，我妈妈做的没有我做的好吃！小王，你妈妈呢？

男：我妈妈做的菜很好吃，可我爸爸做得更好吃。

三、听录音，选择正确的句子

1. 中国人喜欢饺子。

2. 四川菜里有辣椒。

3. 田中和大卫在王老师家洗菜。

四、听录音，判断正误

1. 他们正在包饺子呢。

2. 馅儿放在皮儿里，两边一包就行了。

3. 包饺子挺有意思。

五、听录音，回答问题

"糖醋萝卜"的做法是：萝卜切成丝儿，然后放点儿盐，拌一拌，再放上糖、醋和香油就行了。

六、听录音,填空

我学会了包饺子。我觉得不太难。你看,这是皮儿,那是馅儿。皮儿上面放馅儿,两边一包就好了。

课 文(二)

一、听录音,回答问题

男:下午我教你做一道中国菜。

女:太好了,需要准备什么东西?

男:鸡蛋两个,西红柿两个,还有葱。

女:是热菜还是凉菜?

男:当然是热菜了。

二、听录音,选择正确的句子

女:田中,明天下午我们开始辅导汉语。你觉得学习汉语,什么最难?

男:我觉得汉语的发音、语法都挺难,不过,比较起来,还是语法最难,多用一些时间给我辅导语法吧。

女:好吧。大卫也叫我给他辅导,他说汉字最难。

男:那当然,他是美国人嘛,学习汉语对不同国家的学生来说,困难是不一样的。

三、听录音,选择正确的句子

1. 田中请大卫去看足球比赛,大卫想看倒是想看,可因为正忙着写论文,抽不出空儿。
2. 你要是困了就喝杯咖啡或茶,也可以出去散散步。

四、听录音,判断正误

1. 今天下午有活动,我差点儿忘了。
2. 我不会跳舞,你怎么跳,我就怎么跳。

3. 哥哥的个子还不如弟弟呢!

4. 这个音真难,我怎么也发不好。

五、听录音,回答问题

今天我们学一个简单的菜,叫小葱拌豆腐。材料有:一块豆腐,几根小葱,一点儿盐和香油。把豆腐放在开水里煮一会儿,拿出来切碎,然后把葱、盐、香油放进去,拌一下就可以吃了。

六、听录音,填空

炒土豆丝儿的做法是:土豆切成丝儿,用水洗一下,把葱也切成丝儿;锅里放油,放葱,再放入土豆丝儿炒几下,放一点儿盐和酱油;最后放一点儿醋。一盘好吃的炒土豆丝儿就做好了。

课 文(三)

一、听录音,回答问题

女:哎呀,真对不起,来晚了,明天才是周末,今天怎么那么多人,那么多车!好在我是骑车来的,不然还不知道什么时候才能到呢。

男:我提前一个小时就从学校出发了,半个小时前就到了。咱俩快点儿吃,别耽误了晚上七点的京剧。

女:不用着急,咱们都骑车,晚不了。

男:那可不一定,不然去晚了十分二十分的,看不到开头多遗憾哪!

女:好,你怎么说,咱就怎么做,我一口吃两个饺子。哈哈。

二、听录音,选择正确的句子

女:田中,快来尝尝我做的西红柿炒鸡蛋。

男:嘿,我早就吃过了,味道真不错。好做吗?

女:容易得很。你做一遍就会了。

男:那可不一定,看起来容易做起来难呀。你先说说看。

女:你听着,先把鸡蛋打碎放到油里炒一下,再把切好的西红柿和葱花放进去一起炒,最后放点儿盐和糖就成了。这菜呀,色、香、味俱全。

男:哎呀,你说得太快了,我哪儿记得住呢!这样吧,我去把材料买来,你一边说一边做,我也动动手,实践最重要嘛!

三、听录音,选择正确的句子

1. 我来中国留学,一来是学习汉语,二来是游览名胜古迹。
2. 买衣服要穿上试试,因为有的衣服看起来不错,可穿起来不怎么样。
3. 学校离机场太远了,提前两个小时动身吧,不然可能来不及了。

四、听录音,判断正误

1. 他非要去上海,我除了北京哪儿也不去。
2. 中国数北京的名胜古迹最多。
3. 学习结束后是否考试,要按学校的规定办。
4. 安娜来中国好几年了,却从来没有去过北京。
5. 你想减肥,两个月哪儿行,慢慢儿来嘛!

五、听录音,回答问题

你吃过鱼香豆腐吗?你会做这道菜吗?现在我教给你。准备的材料是:豆腐、葱、姜、蒜和干辣椒。第一,把豆腐切成小方块儿。第二,把葱、姜、蒜切成丝儿放在碗里。第三,碗里放酱油、醋、盐、糖、淀粉和一点儿水。第四,锅里放油。油热了把豆腐放进去,炒一炒。豆腐变黄了,放辣椒。最后把碗里的调料倒进去炒几下,鱼香豆腐就做好了。它的味道又甜又咸又酸又辣,好吃极了。

六、听录音,填空

把豆芽洗干净,再把葱切成丝儿,蒜切成末儿。做的时候,先在锅里倒点儿油,油热了以后把葱丝儿和蒜末儿放进去,再把豆芽倒进去炒,还要放点儿醋和盐,这道菜就成了。菜的名字叫"素炒豆芽儿"。请你动手做做吧。

生词总表

Vocabulary

A
阿姨		2—3
唉		6—2
爱人		2—3
安妮		1—1
按		10—3

B
八		2—1
把		5—2
爸爸		2—1
办		7—1
拌		10—3
包		5—2, 10—1
北方		10—2
比较		5—1
比如		9—3
边		10—1
变化		3—3
别处		5—3
别的		4—3
冰雕		8—3
伯伯		2—3
不		3—1
不错		1—2
不见不散		6—2
不忍心		9—3
不怎么样		4—3

C
材料		10—2
菜		9—1
菜单		9—2
参加		7—1
餐厅		7—3
尝		4—2
潮		8—3
车站		3—1
趁		9—3
称呼		1—3
吃		9—1
吃饭		9—1
出来		8—1
初		6—3
厨房		7—3
厨具		10—2
厨师		9—3
传统		10—2
吹		10—3
词典		5—1
葱末		10—3
聪明		2—3

D
打车		3—2
打雷		8—2
打闪		8—2
打折		5—3
大		2—1
大寿		6—3
大卫		1—3
单元		3—3
蛋糕		7—2
倒		3—2
登门		10—3
地道		9—3
地铁		3—2
弟弟		2—1
点		6—1, 9—2
电		6—2
电车		3—1
电池		6—2
订座		9—1
冻		8—3
都		9—1
堵车		6—3
度		8—2
短期班		1—2

292

生词总表
Vocabulary

对面儿	3−2	工作	2−1	鸡肉	5−2
多少	4−1	公交卡	3−2	……极了	8−1
多云	8−2	狗	2−2	级	8−2
E		购物车	5−2	几	2−1
饿	9−1	姑姑	2−3	记	2−3
二维码	4−2	鼓掌	7−2	剂子	10−3
F		刮风	8−1	既……又……	1−3
发	2−1	拐	3−1	加	4−3
发音	1−2	贵	4−3	加强	8−3
饭店	9−1	贵姓	1−2	家	2−1
方便	3−2	国	1−1	家庭	2−1
方面	9−3	果酱	5−2	简直	9−3
房间	7−2	过节	10−2	见	7−1
肥	5−3	过年	10−2	姜末	10−3
肥而不腻	9−3	**H**		讲究	9−3
费劲儿	3−2	海鲜	5−2	降价	5−3
风和日暖	8−3	韩国	1−1	酱油	10−3
风衣	8−2	汉语	5−1	交	5−1
辅导	6−2	好	1−1	饺子	10−1
付	4−2	好久	9−1	叫	1−1,9−1
G		号	4−3,6−1	节	6−2
该……了	6−1	合适	5−1,7−3	结冰	8−3
盖	3−3	和……一起	6−1	姐夫	2−3
干燥	8−2	和善	2−2	姐姐	2−1
擀	10−3	很	1−1	今天	6−1
擀面棍儿	10−3	花坛	3−3	斤	4−2
刚刚	4−3	淮扬菜	9−3	紧	10−3
高跟儿	4−3	坏	4−2	进来	10−1
高兴	1−1	换季	5−3	酒水	9−2
告辞	7−3	和面	10−2	就	3−1
哥哥	2−1	活动	10−2	舅舅	2−3
个	4−1	火车站	3−1	举例	9−3
各	4−2	**J**		俱全	9−3
给	2−1	鸡蛋	5−2		

293

	K	
卡		3—2
开		10—3
开始		5—1
开心		2—2
看		10—1
烤		5—2
烤鸭		9—2
可能		9—1
客人		10—2
客厅		7—3
肯定		2—2
口		2—1
块		4—1
快		8—3
款		4—2
矿泉水		4—1
	L	
腊月		6—3
辣		9—3
老师		2—1
姥姥(外婆)		2—3
姥爷(外公)		2—3
累		7—3
礼物		6—3
李美英		1—1
里		2—1
俩		10—1
凉快		8—1
两		2—1
聊		7—2
了解		9—2
料酒		10—3
零钱		3—2
零下		8—3
流利		1—3
楼		5—1
鲁菜		9—3
路口		3—1
	M	
妈妈		2—1
买		4—1
卖		5—1
没错儿		8—1
面包		5—2
面积		7—3
名不虚传		9—3
名牌儿		5—3
名字		1—1
明白		2—2
明天		6—1
摸		5—3
	N	
拿手		10—3
哪		1—1
那		4—1
那(么)		7—1
那儿		3—1
奶奶		2—1
奶油		5—2
难		10—1
难怪		9—3
闹钟		6—2
你		1—1
你们		1—1
捏		10—2
牛肉		5—2
暖和		8—2
	P	
排		3—3
皮儿		10—1
啤酒		9—2
偏		8—2
便宜		4—3
票价		3—2
苹果		4—2
瓶		4—1
破		10—3
	Q	
七		6—1
妻子		2—3
起源		9—3
气温		8—2
汽车		3—1
前		3—1
钱		4—1
瞧		2—2
巧		4—3
巧克力		5—2
切		7—2
轻		5—3
晴		8—2
晴天		8—2
请		3—1
请教		2—3
请客		9—1
秋高气爽		8—3
去		3—1
全家福		2—2
	R	
热		8—1
人		1—1

生词总表
Vocabulary

认识	1—1	刷	3—2	网	5—3		
日本	1—1	帅	2—2	网购	5—2		
软	5—3	霜	8—3	王文	1—2		
S		水果	7—2	往	3—1		
扫	4—2	水平	1—2	微信	2—1		
嫂子	2—3	顺着	3—3	位子	9—1		
森林	8—2	说不定	10—3	味道	9—1		
山口智子	1—3	四	2—1	问	3—1		
山姆	1—3	四十	6—1	我	1—1		
上课	6—1	送	10—2	卧室	7—3		
稍稍	4—3	宿舍	1—2	物产	9—3		
生日	7—1	随便	4—2	雾霾	8—3		
声调	1—2	随着	9—3	**X**			
省	5—3	**T**		喜欢	10—1		
十字路口	3—3	他	1—1	系	1—2		
什么	1—1	太	5—1	下（次）	4—2		
实践	7—3	太阳	8—1	下午	6—1		
食品	10—2	特别	4—2	下雨	8—1		
事	6—1	特色	9—2	先生	5—1		
是	1—1	提高	1—2	现	5—2		
适应	8—3	提前	6—3	现在	6—1		
收	4—1	天气	8—1	馅儿	10—1		
手机	3—2	田中	1—1	香菇	9—2		
收银台	5—1	甜	4—2	香油	10—3		
受不了	8—3	挑	4—2	响	6—2		
瘦	5—3	调	10—2	想	5—1		
书	5—1	听说	5—2	向	2—3		
书店	5—1	挺	5—1	向导	5—2		
书房	7—3	头儿	3—2	小伙子	2—2		
书架	5—1	腿	2—2	小区	3—3		
蔬菜	9—2	**W**		笑	2—2		
熟	5—2	外科	2—2	谢	3—1		
熟悉	9—2	外卖	9—1	新颖	5—3		
数	3—3,10—3	晚上	7—1	星期	6—1		

星期一	6—1	有	2—1	真的吗	7—1
形成	9—3	有空儿	6—1	阵雨	8—2
许愿	7—2	有名	9—2	正好	4—1
学习	5—1	有意思	10—1	支付宝	5—1
Y		又……又……	8—1	直达车	3—2
沿	3—3	右	3—1	直接	3—2
盐	10—3	羽绒服	5—3	质量	4—3
颜色	4—3	预报	8—2	种	4—1
阳历	6—3	元	4—1	重要	9—3
样	5—1	愿意	7—1	周末	7—2
样式	5—3	月	6—1	周围	3—3
样子	4—3	岳父	2—3	猪肉	5—2
要是	7—2	岳母	2—3	主意	9—1
爷爷	2—1	粤菜	9—3	煮	10—3
也	1—1	**Z**		专门	6—3
一共	2—1	再见	4—1	转	8—2
一下	4—1	在	2—1	准	1—2
一员	2—2	咱们	9—1	准备	3—2
医生	2—1	怎么样	8—1	自动投币	3—2
艺术	8—3	窄	10—3	自我	1—3
艺术品	9—3	站	2—2	棕色	4—3
阴	8—2	丈夫	2—3	走	3—1
阴历	6—3	丈母娘	6—3	最好	5—1
英国	1—1	找	4—1,5—1	坐	3—1
迎	10—2	这	8—1	做	2—1,10—1
由于	9—3	这儿	5—1	做客	7—1
友谊商城	3—2	真	2—2		